U0120409

帝国的残影

西洋涉华珍籍收藏

A Collection of
Valuable European Books on China

杨植峰 著

团结出版社

图书在版编目（CIP）数据

帝国的残影：西洋涉华珍籍收藏 / 杨植峰著 . --
北京：团结出版社 , 2009.01（2023.9 重印）
ISBN 978-7-80214-623-5

Ⅰ . ①帝… Ⅱ . ①杨… Ⅲ . ①中国 – 古代史 – 推荐书
目 – 元代 ~ 清代 Ⅳ . ① Z88: K247

中国版本图书馆 CIP 数据核字 (2008) 第 196157 号

出　版：团结出版社
　　　　（北京市东城区东皇城根南街 84 号 邮编：100006）
电　话：（010）65228880 65244790（出版社）
　　　　（010）65238766 85113874 65133603（发行部）
　　　　（010）65133603（邮购）
网　址：http://www.tjpress.com
E-mail：zb65244790@vip.163.com
　　　　tjcbsfxb@163.com（发行部邮购）
经　销：全国新华书店
印　装：三河市东方印刷有限公司

开　本：170mm×240mm　16 开
印　张：19
字　数：265 千字
版　次：2009 年 1 月　第 1 版
印　次：2023 年 9 月　第 2 次印刷

书　号：978-7-80214-623-5
定　价：98.00 元

目　录

前　言

论及藏书，国内藏家的兴趣焦点，自然都在中文书籍，尤其是珍稀的线装书。但近年的旧书拍卖中，西文图书的身影已经一再地出现，说明藏家的兴趣，已开始向这方面扩展了。比如，中国书店2007年秋季书刊拍卖会上，推出的西文图书拍品便不下16种，其中周一良先生所藏的斯坦因之《古代和阗考》(Stein, M. Aurel. Ancient Khotan. Oxford, 1907)等四种，合并起拍价为15万元人民币，成交价则远远超出此数。

对中国人而言，西文图书要有收藏价值，内容必定要与中国有关。图书不是黄金钻石，并不具普世价值。图书的价值判定有强烈的文化和情感依附性，其中语言为第一要素，内容为第二要素。西文图书因天生缺乏第一要素，要获中国人青睐，便全仗第二要素，看它是否与中国或中国人有关。满足了这个前提，才可谈其他。因此，本书谈论的西文图书，不管形制如何，内容无一不是关乎中国或中国人的。

世人开始谈论中国"崛起"相关话题后，但凡与中国沾边的东西，无论股票、艺术品，还是书籍，都开始享受"溢价"。西文的涉华古旧书收藏，也开始微波初漾，只是碍于语言隔阂，尚未吸引国内炒家大批杀入。但这一领域的收藏将渐行渐热，是全然可期的。书还是那些书，在伦敦、法兰克福、西雅图、多伦多的古旧书店经久蒙尘，但国运的变化，使这些书的命运也将发生巨变。

中国人富裕后，开始关心自己的过去，包括与西方的那段爱恨史，目光自然会转向最原初的证物。对域外的珍贵涉华典籍，必欲据为己有而后快。这些书的价值，于是将会大幅抬升。

自马可·波罗以降，西方有关中国的著述便络绎不绝。1840年鸦片战争后，中国主题的著述更成了决堤之水。据大英图书馆"十九世纪网"的统计，该馆以微缩胶片方式储存的图书中，仅19世纪出版的涉华英文书籍，便达733种。这只是对一家图书馆部分藏书的统计而已。

在著书论述中国方面，英国人其实是欧洲的后进。意大利、葡萄牙、西班牙、法国、德国、荷兰等国，从16世纪起，便广泛研究中国，其出版物的数量，几可用汗牛充栋来形容，其中尤以法国为最。至于有史以来，西方各国出版的中国主题书籍的品种总数，笔者尚未找到可靠的统计，估计应是个天量了。而西方最早著书研究中国的，到底是谁，笔者亦不敢妄断。马可·波罗算早了，但早于他的并非没有，比如教宗使者柏郎嘉宾（Giovanni da Piano di Carpine，1182—1252）和法国方济各会会士罗伯鲁（Guillaume de Rubrouck，生卒不详）等。（详见方豪《中国天主教史人物传》，宗教文化出版社，2007）

西方涉华书籍集中出现的最早时期，是十六世纪，作者大都是赴华传教的天主教神职人员，以耶稣会士为主。其中，利玛窦、金尼阁、曾德昭及稍后的卫匡国等都是代表人物，且各有名著传世。18世纪后，不仅教士们的汉学著作暴增，来自欧洲的旅行探险家、外交人员、军人等亦加入著述行列。仅马戛尔尼一行来华，便出版论述中国的著作不下十种，其中许多流芳百世。由于欧美各国教育发达，这些人无论专业领域为何，大多笔头了得；又因欧洲传统文化注重实证与文档保存，他们于完成本职工作之余，必定要著书立说，以记录所做、所见、所闻、所想，顺便青史留名。中国的文化及历史，便因这一传统而大大丰满了。

至19世纪，西方研究中国的主要群体，虽然仍以神职人员及外交官居多，以至于有"领事官汉学"一说，但涵盖的领域已包罗万象，涉及了中国的语言、社会、文化、宗教、哲学、地理、政治、外交、军事、经济、医药、历史、人物、物种、种族、服饰等方方面面。其中既有大而化之的宏论，如卫三畏的《中国总论》（Frederick Wells Willams, The Middle Kingdom），也有一人一事的微观报道，如戴维斯的《中国奴婢：中国某女性的生活故事》（Davis, John A., The Chinese Slave-girl: a Story of a Woman's life in China, Philadelphia, 1880）。一些冷僻领域，也继续有人研究，如詹姆士的《在华犹太人》（Finn James, The Jews in China: Their Synagorgue, Their Scriptures, Their History. London, 1843.）。这个世纪，中国数千年的文献被全面翻译为西文，对官话及方言的研究亦无微不至，中西对照词典、中文语法书籍大量面世。欧洲对中华的研究，已经从骨骼阶段，进入细胞层面。

中国人对自身还懵懵懂懂时，西方已把中国里里外外摸遍了，以至于研究近代中国的成果少在中国，而多在西方。千百年来，中国人一头扎在故纸堆里，一切学习全为科举，一切研究不出经史，其余一概鄙视。以致著述虽卷轶浩繁，内容却严重单一。中国人对记录时事之漠视，在中西交往过程中，便表现得淋漓尽致。自1840年鸦片战争起，中西之间爆发过诸多战端，战争对象不仅有英国，还有法国、日本等国。中外之间的每一场具体战事，西方都有相关书籍送出，记述不厌其详，相对客观冷静，对中国军队的表现，无论优劣勇懦，均秉笔直写。著述者大多是战事的参与者，或为军官士兵，或为随军记者。反观中国，对相同事件，少有当事人的书籍出版，以致今日的学者，若要研究当年战事的具体进程，多要依赖外方的书籍。这虽然可悲，却还值得庆幸，至少有一方的记录存在。仅此一项，便可看出西方涉华书籍的价值。

这一价值，其实远远超出中西冲突的范围。那个年代，对于中国的动植物、中国的天文地理、中国的民族种群、中国的矿产资源、中国的疾病医药、中国的服饰、中国的官僚制度、中国的民俗传统……中国人自己是罕有系统答案的，却都能在西方人的书里找到。要了解19世纪中国盲人的情况吗？西方人是有答案的，请读《中国盲人情况》（Gordon Cumming, Constance Frederica, The blind in China, Helensburgh, 1885）。要了解19世纪中国家庭妇女的生活吗？请读《中华女儿——中国家庭生活素描》（Bridgman, Eliza Jane. Daughters of China; or, Sketches of Domestic Life in the Celestial Empire. New York, 1853）。要知道中华民族的起源吗？请读《中华民族之源起》（Brooks, Charles Wolcott. Origin of the Chinese Race. San Francisco, 1861）。西方人对中国的研究之细致，令人感佩。当然，将其视为文化侵略的，亦大不乏人。

进入 20 世纪后，西方人研究中国的传统被发扬光大，作者队伍中又多出了新闻记者、专业作家、画家、摄影家、职业文官、学者群体及工程技术人员。工程技术人员也来舞文弄墨，更证明了欧美人尚武之同时也普遍尚文，已经成了民族性。美国工程师柏生士（Barclay Parsons）于 1897—1898 年在湖南勘测铁路，回国便出版了《一个美国工程师在中国》（An American Engineer in China, McClure, Philips & Co., New York, 1900），即为一例。此外，所谓"中国通"（old China hand）群体此时已更加强势。这些人在中国长期浸淫，有些更终其一生在华（如丁韪良、赫德及马士等）。他们操流利中文，着中国服饰，与士大夫阶层交往，精通中国古代典籍，却保持西方的人文高度。他们的著作，便显得更具权威性。

20 世纪，西方的中国主题出版物，无论质与量，都经历飞跃。就性质而言，亦已从纪实叙事和翻译整理，延伸至纯文学创作及纯学术研究两个方面。

中国人熟悉的赛珍珠（Pearl Bucks），便是一位靠中国吃饭的美国小说家，主要作品全以中国为背景，其长篇小说《大地》（The Good earth）更获诺贝尔文学奖。在她之前，英国人何堪（与美国领事官何天爵同姓且名字相近，不可混淆）已于 1894 年在香港出版过小说《忠王的千金——一段英中情缘》（Halcombe, Charles J. H. Called Out, or, the Chung Wang's Daughter. An Anglo-Chinese Romance. Hong Kong, 1894）。但这本小说文笔恶劣，不堪卒读，倒是事实。随后，英国文豪毛姆于 1919 年冬访问中国，沿长江上溯 2400 多公里，之后凭在华时的笔记，写下了《中国屏风》（SOMERSET MAUGHAM, On A Chinese Screen, London, 1922），并于 1922 年出版。接着，供职中国税务部门 30 余年的美国人（退休后入英国籍）马士，又于 1927 年出版了一本极优美的小说《太平天国的日子》（Morse, Hosea Ballou. In the Days of the Taipings, The Essex Institute, Salem, Massachusetts, 1927）。赛珍珠之后，描写中国的西方小说更是不计其数。

　　学术方面，由于欧美主流学术界全面介入对华研究，发源并成熟于欧洲的汉学（Sinology），因美国人的强力加入，扩展为美国人所称的"中国研究"（Chinese Studies），地位进一步巩固。随之产生的重要学术著作，不胜枚举。其中一些代表性著作，被罗列在费正清的《美国与中国》一书的附录中（Fairbank, John King, The United States and China. Harvard University Press, 1958）。总之，这一时期的涉华出版物经历了爆炸性增长，要一网打尽，已是难上加难了，甚至想想便已令人生畏。

　　随着摄影技术之发明与完善，自19世纪中叶起，西方人开始以影像纪录中国，至20世纪，已蔚然成风。今天，我辈对前清及早期民国的记忆，几乎完全依赖欧美人拍摄的照片及出版的影集。若没有一群西方人扛着相机在中华大地贪婪记录，我们对前朝生活的方方面面，是不会有具象体验的。在欧美中国主题出版物中，摄影集由是成了重要类别，也催生了一批名声赫赫的欧美摄影大师。他们留下的丰富影像资料，足够后来者取用不尽了。

　　以上梳理的，是西方涉华图书最粗略的脉络。但笔者的兴趣，只是通过本书，随意罗列其中的一些珍贵典籍，与同好分享，抛砖引玉而已。此处所说的"珍贵"，专指其稀缺性及收藏价值，完全无涉作品的学术或艺术成就。因此，本书讨论的，全是涉华旧籍的原版书，且基本局限于头部。笔者于西方汉学史是全然的外行，于目录学、版本学更是隔了十万八千里。本书的初衷，是举出一定的实例，供收集涉华西方旧籍的读者参考，非为评判西方的汉学成就，亦不敢替人妄开书目。这种工作，一批批的汉学史专家，早已做尽了。

　　一般读者若只是志在收藏，对西方汉学史固然要略知一二，却并无成为专家的必要。因为书籍的学术地位与收藏价值，不存在必然联系。事实是，一些成就斐然的杰作，因印数多，大量传世，价值菲薄，不值得收藏。即如费正清本人的著作，虽然都被高高祭起在学术殿堂，但就书籍市价而言，无论版本，极少超过两三百美元。而一些劣作，因传世稀少，反而有价。比如前面提及的《忠王的千金——一段英中情缘》，找遍全世界，无一家古旧书店在售，目前只有香港浸会大学图书馆及大英图书馆存有微缩胶片版，若出现品相不错的原书，相信倒是可以值点钱的。笔者藏有的另一本书《随戈登在中国》（Lyster, Thomas, With Gordon in China. London, 1891），作者李斯特是常胜军首领戈登的手下，英国工程兵中尉，曾随戈登在华征战。按说此书也不见有太高价值，但胜在全球绝迹，内容又关系李鸿章力剿太平军，对常胜军历史有微观的记载，便也值得中国人收藏。同时，书的市值，与年代久远与否，亦无直接关系。1931 年头版头次印刷的《大地》，价钱叫到天花板，也就 1.5 万美元，而 1945 年出版的费孝通与张之毅合著的《离不开土地的中国——云南乡村经济研究》（Fei, Hsiao-Tung and Chih-I Cha. EARTHBOUND CHINA, A STUDY OF RU-RAL ECONOMY IN YUNNAN, University of Chicago Press, Chicago, 1945）虽然晚出了 10 年，名头也大大不如赛珍珠，却有书商叫到 11 万美元。

需要提及的是，自中国开辟通商口岸后，本土也开始出版外文书籍，有些出版商是跨国公司，如别发洋行（Kelly & Walsh），有些是本地的外文报社，如英文文汇报社（Shanghai Mercury）、北华捷报社（North China Herald）、字林西报社（North China Daily News）等，有些是民族资本的出版社，如商务印书馆。中国本土出版的涉华西文书，以上海的别发洋行为多。别发洋行是英资跨国公司，其上海公司成立于 1870 年（同治九年）。该公司的书，往往是上海、香港、新加坡、纽约、伦敦同时出版。虽然内容装帧了无差别，却因出版地点不同，而存有价格落差，有时相去甚巨，故不得不留意。

近些年，笔者因文学创作需要及个人爱好，于欧美涉华旧籍间有涉略，积累下一些资料与感想。偶尔翻弄时，竟滋生出与旁人分享的念头。近与团结出版社梁光玉先生交流后，受他鼓励，终于斗胆整理成书。书中介绍的所有珍籍，均为当前在售的实物，配有详细图片及市面售价，有助于收藏者的实际操作。值得一提的是，西方在售的贵价古旧书，都是可议价的，有时可有较大折扣。限于篇幅，书中列举的珍籍，比之实际留存的品种，只是沧海一粟而已。

许多早期书籍因版本众多，又横跨多种欧洲语言，流系繁杂。限于作者能力及资料，难以面面俱到。重点还是就书论书，讨论当前市场流通的品种及价格，而不纠缠于版本流变。对于西文旧籍的内容及作者背景，若学界研究已较透彻，读者中也尽人皆知，如《马可·波罗游记》及《利玛窦中国札记》等，介绍便基本从简，只披露一些较冷僻的信息，或分享笔者本人的感悟；若作品、作者不为大众所熟悉，如《地理书》《贤文书》《台湾之过去与现在》《百美影》《华勇营出军志》等，笔者的介绍就会相对详尽。凡此种种，目的只有一个，便是希望本书的内容，有足够的新鲜度及原初性，能对整理西方涉华旧籍的工作，提供微观层面的实质贡献。

在切入西方涉华旧籍的收藏时，可以先参考大英图书馆藏的 19 世纪涉华图书目录（Nineteenth Century Books on China, Titles available on microform）。此目录可在互联网上下载。目录收书 733 种，虽然只限于 19 世纪英国的部分汉学作品，远非全面，值得收藏的亦只占少数，但作为切入口，还是不无裨益的。另外可参考的，是英国学者约翰·勒斯特（John Lust）1987 年整理出版的《1850 年前出版的涉华西方著作》（Western Books on China Published up to 1850）。该书共 352 页，收录了英国伦敦大学亚非研究院（SOAS, School of Oriental and African Studies）图书馆中所藏的出版于 1850 年前的涉华书籍，共 654 本，逐本评说。互联文献公司（IDC, Inter Documentation Company）已将此书制作成同名缩微胶片在全球推广。该书的书目部分，读者在互联网上可轻易下载。至于费正清的书目，因年代较近，于收藏而言，恐怕无甚助益。

一百年前，中国境内早有人大量收集了西方涉华旧籍，并达到举世瞩目的规模。当时，北洋政府聘请的澳籍顾问莫理循（George Ernest Morrison, 1862—1920），凭一己之力，经二十年时间，收集了西方涉华图书、杂志等文献 24000 余种，建立了著名的"莫理循文库"。他在离华前，将收藏整体出售，时逢中国积贫积弱，无力染指，被日本人以 35000 英镑成功购得，是为日本东洋文库图书馆的基础。直到今日，中国学界仍以此事为憾。而今日的中国学者，在查阅大部分西方涉华旧籍时，只能远赴欧美和日本，给学术研究带来无尽困难，亦使这方面的研究工作只能局限于少数人。随着中国国力日增，中国民间若能一齐发力，在全球范围搜罗，则一百年前错过的珍贵资料，或有望再度收齐，甚或数倍于此数亦可期，进而组建中国人自己的西方汉学文库，不啻是中国学术之幸，也是笔者的一个奢望。若此书还能对爱好收藏西方涉华旧籍的朋友有所启发和促进，那就是额外的惊喜了。

古版《马可·波罗游记》

第一章　撩开中华帝国面纱

一、马可·波罗的谜团

西方书写中国的历史，基本认定是从马可·波罗开始的。虽然那时进入中国的西方人不止马可·波罗一人，著有行纪的也不独独是他，但就内容之丰富，影响之广泛而言，马可·波罗的游记并无对手。

马可·波罗的游记虽然已有多个中文译本，但读起来，绝非一件赏心悦目的事，甚至会觉得如读天书。这其实怪不得译者，因为原作混乱，要一一还原成有意义的中文，实在是件不可能完成的任务。

马可·波罗的游记之所以混乱频频，首先是因为他文化水平不高。他十七岁即随父出外经商，终日在外忙碌，不可能有机会接受学术培训，因此，他通文墨应该不成问题，

马可·波罗像

古版《马可·波罗游记》

多学识则未必。以其有限之学识，来到一个文化迥异、制度远别的国度，要弄清原委，评析得鞭辟入里，委实难以胜任。

其次，他虽然入华 17 年，但通过一个简单推断，便可知他不懂汉语。他的游记，通篇称中国为"契丹"（拉丁文为 Chataja，译成英文为 Cathay，近代的中国人将其音译为"国泰"）。那是辽金元朝时，内陆西域一带对中国的称呼，相信蒙古人也通用，但汉人是绝不会使用这个名词的。若马可·波罗学过汉语，第一要接触的，便是汉语中对中国的称谓，无论是称"中国"，还是"中华""华夏""大宋""大元"，总有一说。但通观全书，他对"中国"的汉语称谓，从来不提。再者，他在游记中，对中国的书法、中医、筷子和茶叶同样只字未提，也让人觉得匪夷所思。可见他以色目商人的身份，与当时的汉人社会，几乎彻底隔绝，这进一步证明，他是不可能掌握汉语的。

诸多专家也推断，马可·波罗并未掌握汉文。邵循正教授在《语言与历史——附论〈马可·波罗游记〉的史料价值》（载《元史论丛》，中华书局 1982 年出版第一辑）指出，《马可·波罗游记》"从未提到一个汉人朋友"，"以他《游记》来判断他的语言知识，我们敢说他简直不懂汉语"。英国的亨利·玉尔（Henry Yule）、戈尔迭（H. Cordier）也认为马可·波罗不懂汉文汉语。杨志玖教授在《关于马可·波罗在中国的几个问题》一文中认为，马可·波罗可能通蒙古语、波斯语、阿拉伯语和突厥语，而不懂汉语。

既然马可·波罗学识浅薄，又完全不谙汉语文，要他弄清中国的政体架构、职官系统、行政区划、文化传承、社会心态、语言人文，便是苛求了。就好比一个不懂英语的广东华侨，即便在美国一待十数年，也随别人全美迁徙过，但要他事后写一本美国通论，说清该国的政治、地理、经济、文化、法制，估计也是强人所难。因此，虽然马可·波罗行程纵贯中国，但他对行经路线的描述，以地理学是无法解释通的。他提到的许多中国地名，也让史地专家们摸不着头脑，至今犯愁。他谈论的人，让历史学家绞尽脑汁，翻遍各种正史和野史，试图对上号。

好不容易有个收获，往往还张冠李戴，比如误将马可·波罗当成了元代枢密副使孛罗，便是一例。

马可·波罗的另一个致命伤在于，他对过往近 30 年生活的讲述，凭借的只是大脑的记忆。而事实早已证明，人脑作为史实的储存体，是最靠不住的。从现有资料看，马可·波罗不曾像利玛窦那样，有勤写日记的习惯。那么，以他隔阂的语言、有限的学识，如何能仅凭印象，就把一个疆域辽阔的陌生大国，从时间和空间上梳理得一丝不乱？他的讲述，若不颠三倒四、张冠李戴，反倒出奇了。

马可·波罗的局限，还在于他那常人的虚荣心。他历尽千辛万苦，回到故国，被万人崇拜过，最后却成了阶下囚，被打入牢狱。唯一的听众，是同囚的文人鲁思梯谦。这种时候，靠回忆过去的辉煌，支撑起一点生的希望，也是情理之中的事。因此，他的讲述，自然会添油加醋，穿凿附会，甚至无中生有。当时，欧洲地理大发现时代尚未来临，中国是个遥不可及的幻影，吹再大的牛，也不必担心被人戳破。他何曾料到，不出几个世纪，他的书就被无数专家拿着放大镜逐字核实。若有先见之明，则他的叙述，可能会是另一番面貌。

最后，《马可·波罗游记》是假鲁思梯谦之手写成的。执笔者对讲述的内容作编排、增删、修饰，乃是一种本能。而鲁思梯谦从未踏足过中国，他的加工，难免失之毫厘，谬以千里。

以上种种，造成《马可·波罗游记》偏离了纯纪实的轨道，让人对其真实性疑虑重重。比如，马可·波罗在游记中自称向蒙古军献计，制造投石机，攻陷了久攻不下的襄阳城，却被人算出，襄阳沦陷时，他们一行尚未到达中国。这便是穿凿附会的典型例子。而最致命的是，他自称曾在扬州当官，但中国史籍里，没有他的半条记载，可见他对自身在华地位的论述，基本是不实之词。但这些疑点，以上的解释都能解答。

经过几个世纪的研究，学界普遍同意，尽管《马可·波罗游记》疑点重重，但他到过中国，应该是成立的。而存疑的地方，正好让专家们永远有事可做，可不断地考证下去。

确定了马可·波罗来华的可靠性，便要大致交代一下《马可·波罗游记》的内容了。据该书介绍，1271年，马可·波罗随父亲和叔叔前往东方。到达元上都时，已是1275年的夏天。马可·波罗的父亲和叔叔向忽必烈大汗呈上了教皇的信件和礼物。大汗非常赏识年轻聪明的马可·波罗，留他们在元朝当官任职。后来，马可·波罗奉大汗之命巡视各地，借机走遍了中国的山山水水，先后到过新疆、甘肃、内蒙古、山西、陕西、四川、云南、山东、江苏、浙江、福建以及北京等地，还出使过越南、缅甸、苏门答腊。17年过去了，马可·波罗越来越想家。1291年春，他与父亲、叔叔受忽必烈大汗委托，护送蒙古公主阔阔真到波斯成婚。大汗答应他们，在完成使命后，可以转路回国。他们从泉州离境，走海路西返。1295年末，三人终于回到了阔别二十四载的亲人身边。他们从东方带回大量奇珍异宝，成了威尼斯的巨富。

1298年，马可·波罗参加了威尼斯与热那亚的战争，9月7日被俘。在狱中，他遇到了狱友、作家鲁思梯谦，对他详述了自己的经历。于是便有了马可·波罗口述、鲁思梯谦记录的《马可·波罗游记》。

鲁思梯谦的原稿已佚，后人推测它是用中古时代的法意混合语写成的。现存的最早抄本是塞拉达拉丁文抄本，藏于西班牙托莱多教会图书馆，其书名为《对世界的描绘》。

在涉华的大众读物中，《马可·波罗游记》的版本最为芜杂，书名也五花八门。它产生于欧洲印刷术发达之前，从完稿到首次印刷出版，经历了180年左右。其间经各种文字传抄传译，抄本的种类呈百花齐放之势。根据欧洲古旧书行业的统计，目前存世的《马可·波罗游记》写本，便有130多种。以后出现的印刷版，也因采用的底本不同，延续了五花八门的格局。马可·波罗的原始叙述，好比从菜场买来的原料，经不同厨师之手，添加不同佐料，以各种方式烹制，做出一道道色香味各异的菜肴。

对《马可·波罗游记》版本流变的研究，已大大超出笔者的能力。本书只介绍市场尚在流通的个别古老印刷版，供读者收藏时参考。

最早的印刷版《马可·波罗游记》，是德文方言版，1477 年才在德国纽伦堡出现。1483—1484 年，该书出版了拉丁文印刷版；1496 年，意大利文印刷版问世；1502 年，葡萄牙文印刷版问世；1503 年，西班牙文印刷版问世。1556 年，法文印刷版问世。

这些早期印刷版，主要藏于欧洲各图书馆、博物馆和私人藏家手中，但并未从流通领域绝迹。能否碰上，则要看机遇。

《马可·波罗游记》的中文版，目前主要有三种，一是上海世纪出版集团的冯承钧译本，二是福建科技出版社的陈开俊译本，三是中国文史出版社的梁开智译本。欲了解内容的读者，可参阅这些中文版。但中文版除了民国时张星烺的译本外，其余当前并未体现收藏价值。

二、《马可·波罗游记》版本举要

《马可·波罗游记》的法文印刷版第一版

（POLO, Marco. La description géographique des provinces & villes plus fameuses de l Inde orientale, meurs, loix, & coustumes des habitants d icelles, mesmement de ce qui est soubz la domination du grand cham empereur des Tartares. Par Marc Paule gentilhomme venetien, et nouvellement reduict en vulgaireçfran ois.Paris, pour Jehan Longis, 1556.）

《马可·波罗游记》的法文印刷版于 1556 年出第一版，法文译者为

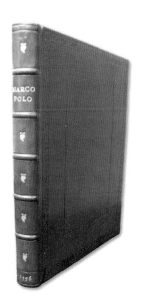

《马可·波罗游记》法文印刷版第一版，1556 年（明嘉靖三十五年）出版。该书原封皮破损，于 19 世纪重包，采用红色摩洛哥皮，当前售价 65000 英镑。

François Gruget。第一版只印刷过一次，因是同时替不同的书商印刷，故书上所印的书商名字有别，目前发现有三种，其中一个书商是 Jehan Longis（此为本书介绍的版本），另一个书商是 Vincent Sertenas（该版本大英图书馆有收藏），还有一个书商是 Estienne Groulleau（该版本剑桥大学图书馆有收藏）。除了书商名字不同外，法文第一版的其他方面均无不同。

市场实例

目前，该书的 Jehan Longis 本有一本在伦敦挂牌求售，但封面是 19 世纪翻新过的，用的是英国产的摩洛哥皮，红色，九成品相。标价为 65000 英镑。具体请参阅图示。

米勒编《马可·波罗游记》的德国拉丁文版

随着世界地理大发现的到来，《马可·波罗游记》在地理学领域的影响已

LA
DESCRIPTION GEO-
GRAPHIQVE DES PROVINCES
& villes plus fameuſes de l'Inde Orientale, meurs,
loix, & couſtumes des habitans d'icelles, meſme-
ment de ce qui eſt ſoubz la domination du grand
Cham Empereur des Tartares.

Par Marc Paule gentilhomme Venetien,
Et nouuellement reduiƈt en
vulgaire François.

A PARIS,
Pour Iehan Longis tenant ſa boutique au Palais en la gallerie par
ou on va à la Chancellerie.
1556.
AVEC PRIVILEGE DV ROY.

《马可·波罗游记》法文第一版的标题页

荡然无存，却成了大众猎奇读物，读者群日益壮大，在欧洲风行，并催生了一个靠马可·波罗吃饭的学者群体，一直绵延至今，不见式微。单在 17 世纪，欧洲便产生了八个意大利文版，两个拉丁文版及数量不明的德文版、荷兰文版、西班牙文版及英文版等。

在林林总总的《马可·波罗游记》版本中，1671 年出版于德国的拉丁文版特色鲜明。它分成三部分，头一部分为马可·波罗游记，由德国东方学家安德烈·米勒（Andreas Müller）编辑；第二部分为 13 世纪亚美尼亚王子 Hetoum 所写的中亚及蒙古游记；第三部分为米勒自著的中国地理及历史研究。三册合装于一个半摩洛哥皮的盒子里，第一册前印有三册的全部书名，第二册及第三册均有单独标题页。

该书每册自附索引页。第三册还直接印有中文，后来又贴上了阿拉伯文等亚洲文字。

米勒版的《马可·波罗游记》之重要性，在于此书实际上开创了马可·波罗学。但米勒所热衷的工作，常常于学术上缺乏意义。他将 14 世纪早期的一个《马可·波罗游记》拉丁文抄本（[Friar Francesco] Pipino）与 1532 年贝塞尔出版的版本（NOVUS ORBIS）合并为一，创造了自己的版本。此举其实是多余的，因为后者本来就是根据前者而来的。他又根据耶稣会士的发现，研究了马可·波罗书中所说的"契丹"（拉丁文 Chataja，即英文 Cathay）与"中国"（China）之关系。这种工作基本也是对利玛窦工作的重复。他的贡献，是为该书精心撰写了索引。

该书目前有一套在欧洲出售，要价 15000 美元。

第二章　耶稣会挺进中国

一、耶稣会压境

西方汉学的发端，最早应追溯到明朝赴华传教士的著述。

1576 年，罗马天主教会便在中国澳门设了主教。在此前后，天主教各修会，包括耶稣会、多明我会、方济各会、遣使会、奥斯定会、外方传道会等，纷纷在澳门设立会所，伺机向中国内地派遣传教士。对西方的传教努力，明王朝设置了诸多障碍，但传教士们仍各显神通，努力潜入中国内地，并著书立说，记载所见所闻。

这时期的主要涉华著述，计有葡萄牙商人加莱奥特·伯来拉的《中国报道》（Galeote Pereira,Certain Reports of China）、葡萄牙传教士加斯帕尔·达·克路士的《中国志》（Gaspar da Cruz, Tractado emque se cōtam muito pol estéco as cous da China）、西班牙奥斯定会修道士马丁·德·拉达的名著《中国札记》（Martin de Rada, Las Cosasque los Padres Fr. Martin de Rada, Provincial de la Orden des. A gustin en las Islas Filipinas, su companero Fr. Jeronimo Marin y otros Soldudos que fueron con ellos vieron y entendieronen aquel Reino）、西班牙奥斯定会修道士胡安·冈萨雷斯·德·门

利玛窦画像

多萨的集大成之作《中华大帝国史》（Juan Gonzales de Mendoza,Historia de las Cosasm ás Notables， Ritos y Costambres del Gran Reyno de la China, Sabidas asi por los Libros de los Mismos Chinas， como por Rela-ciones de los Religiosos，y otros Personas que Han Estado en el Dicho Reyno），等等。

　　上述涉华著作大多影响深广，其中尤以《中国札记》及《中华大帝国史》为最。但从珍籍收藏角度而言，以上著作的原首版本已是凤毛麟角，即便存世，也大多藏于博物馆和图书馆里，一般人染手不易。

　　早期涉华著作囿于作者的体验，于权威性方面有所欠缺。著作者中，有些从未到过中国，如门多萨；有些虽然来了，但蜻蜓点水，不能深入中国人生活，其所见所闻难免浮光掠影，以偏概全。这种情况，在耶稣会士大举进入中国后，终有了实质改观。他们中的利玛窦、金尼阁、曾德昭等人，都在华滞留数十年之久。他们的著作呕心沥血，为一生经验与探索的结晶，被欧洲人视为最权威的第一手资料，无一不是传世经典。

二、利玛窦和金尼阁的《利玛窦中国札记》

在中西交流史上，利玛窦（Matheo Ricci）可算是首屈一指的人物，重要性远远超过带有传说色彩的马可·波罗。他于 1552 年 10 月 16 日生于意大利，1571 年在罗马加入耶稣会，1582 年抵达中国的澳门。从此，他便在中国传教、工作和生活，足迹从澳门到肇庆，再到韶州、南昌、南京，最后到达北京。他在 1610 年 5 月 11 日死于北京，葬在北京阜成门外二里沟。

利玛窦在中国前后近 30 年，遍交达官显贵，信徒也不少。徐光启、李之藻等人都是他的密友。他本着传播上帝与基督教的宗旨，从零开始，学习掌握中国语文，著述等身。利玛窦的努力，大致可分为两部分，一是将西方自然科学知识介绍到中国，刊行的代表作有《天学实义》《几何原本》等；二是将中华文化介绍到西方，比如翻译出版了拉丁文的《四书》（tetrabiblion sinense de moribus）。他对儒家经典，更刻苦研究，又将中国历史文化介绍到欧洲，呕心沥

《利玛窦中国札记》法文第一版，出版于 1616 年（明万历四十四年），原始的羊皮面，当前售价 25000 欧元。

血，终力竭而死。他的传教活动，遭遇强大阻滞，最后可说是以失败告终。他的知识结构及智力，决定他本质上是一个科学家，尤其是数学家和机械工程师，因此才花大量精力，在华推行西方科技，可惜面对蒙昧已久的中国人，收效甚微，难获中国社会广泛接受。但他对中国的系统性介绍，却在西方收到奇效，可说开了西方汉学的先河。

他到中国后，便再未离开。晚年时，他感到时日无多，于是着手撰写在中国的传教经历。死前，这份记录已告完成，仅留一些空白，待后来补充。这便是著名历史文献《利玛窦札记》的由来。手稿是以意大利文写成的。据利玛窦的继任者金尼阁说，利玛窦的原意，是将手稿呈耶稣会会长审阅，然后供会众阅读，以向欧洲人介绍中国情况，传达耶稣会在中国传教之事迹。

手稿的整理者金尼阁（Nicolas Trigault，1577—1628）是弗兰芒人（Flemish，今比利时组成部分），耶稣会传教士，1610年抵澳门，次年到过南京、杭州和北京。在那一批来华传教士中，他的中文程度被公认为最高，比利玛窦有过之无不及，大量以中文著述。其主要中文学术著作，是《西儒耳目资》三卷，于1626年（天启六年）在杭州刻印。

利玛窦去世后，金尼阁将其手稿带到澳门，1614年，又将手稿带回罗马。他趁着路途漫漫，着手将利玛窦的手稿从意大利文译成拉丁文，并增添了自己的观察，又收入了龙华民神父（Father Nicolas Longobardo）、王丰肃神父（Father Alfonso Vagnone）及郭居静神父（Father Lazzaro S.J. Cattaneo）对中国的描述。此外，他还在书中收入了熊三拔神父（Father P. Sabatino de Ursis）1610年、1611年两年拉丁文信件的摘录。因此，金尼阁整理的《利玛窦中国札记》，已超出利玛窦个人札记的范围，可说是那个时代的耶稣会传教士记叙中国的集成。该书的拉丁文书名原意，是"耶稣会士利玛窦神父的基督教远征中国史"。《利玛窦中国札记》乃是该书中译本的名字。

金尼阁整理的拉丁文本于1615年在德国奥格斯堡出版，欧洲立时震动，因为它对中国的描述，来自利玛窦30年的个人体验，翔实及真切程度，远超之前的所有出版物，为西方研究中国之第一部扎实著作。

金尼阁将利玛窦札记整理出版后，便将其意大利文的手稿秘藏起来。从此，利玛窦的原件便从公众视线消失了300年，以致后人以为原稿已佚失。1909年，原稿终于重见天日，在耶稣会罗马档案馆里被发现，成了轰动一时的大事。

《利玛窦中国札记》已由何高济等译成中文，中华书局出版。对内容有兴趣者，可参阅该书。中文版尚不具收藏价值。

法文第一版

（Histoire de l'expedition Chrestienne au royaume de la Chine, en-

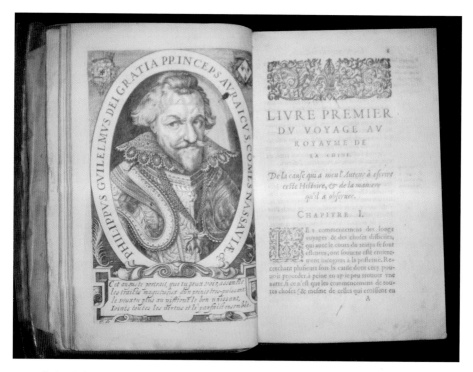

《利玛窦中国札记》法文第一版中的纪尧姆画像

treprinse par les PP. de la compagnie de Iesus, comprinse en cinq livres, esquels est traict é fort exactement et fidelement des moeurs, loix, & coustumes du pays, & des commencemens tres-difficiles de l' é glise naissante en ce royaume. Tir é e des commentaires du Matthieu Riccius, et nouvellement traduicte en françois par D. F. de Riquebourg-Trigault. Publisher: Lyons, for Horace Cardon,1616.）

　　《利玛窦中国札记》的拉丁文版于 1615 年出版后，次年，即 1616 年，里昂便出版了第一个法文版。法文版的译者，正是金尼阁的侄子瑞克贝·金尼阁（Riquebourg-Trigault）。小金尼阁是纪尧姆（Philippe Guillaume）的医生，而纪尧姆则是今荷兰王室祖先、奥伦治王子（Prince of Orange）威廉一世的同修。

　　法文第一版（里昂版）的出版，便是献给纪尧姆的。

　　《利玛窦中国札记》的法文版一出，顿时"里昂纸贵"，影响遍及整个欧洲。法文版本身是一版再版，又被翻译成绝大多数欧洲文字，遍地开花。目前，各语种的头版都是珍品，其中又以法文版的头版最为珍贵。

　　《利玛窦中国札记》法文版头版已极罕见，本书展示的为目前欧洲在售的一部，要价 25000 欧元。

《利玛窦中国札记》法文第一版标题页

意大利文第一版

（RICCI, Matteo, and Nicolas TRIGAULT. Entrata nella China de padri della compagnia del Gesu. Tolta da i commentarii del P. Matteo Ricci di detta compagnia. Dove si contengono i costumi, le leggi, & ordini di quel regno, e i principii difficilissimi della nascente chiesa, descritti con ogni accuratezza, e con molta fede. Opera del P. Nicolao Trigauci padre di detta compagnia, & in molti luoghi da lui accresciuta, e revista. Volgarizata dal signor Antonio Sozzini da Sarzana. Naples, Lazzaro Scoriggio, 1622. ）

《利玛窦中国札记》的意大利文版于 1622 年首次发行。目前，美国的国会图书馆、伊利诺伊大学图书馆及芝加哥图书馆各藏有一本。意大利文第一版也是异常珍稀，流通领域罕见。图中所示的这部书，要价 4500 欧元。

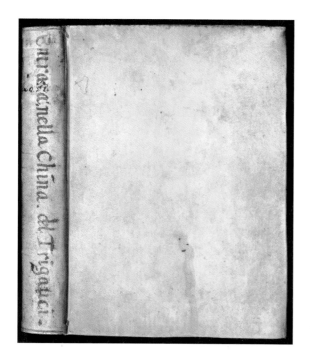

《利玛窦中国札记》意大利文第一版，出版于 1622 年（明天启二年），原始羊皮封面，当前售价 4500 欧元。

ENTRATA
NELLA CHINA
de' Padri della Compagnia
del GESV.
Tolta da i Commentarÿ
DEL P. MATTEO RICCI
di detta Compagnia.
Doue si contengono i costumi, le leggi,
& ordini di quel Regno, e i principij
difficilissimi della nascente Chiesa,
descritti con ogni accuratezza,
e con molta fede.
Opera del P. Nicolao Trigauci Padre di
detta Compagnia, & in molti luoghi
da lui accresciuta, e reuista.
Volgarizata dal Signor
ANTONIO SOZZINI
da Sarzana.

IN NAPOLI
Per Lazzaro Scoriggio

《利玛窦中国札记》意大利文第一版标题页

三、曾德昭的《大中国志》

曾德昭生平

对曾德昭生平的考证，笔者以为计翔翔的工作最为深入和完备。他的《十七世纪中期汉学著作研究——以曾德昭〈大中国志〉和文安思〈中国新志〉为中心》（上海古籍出版社，2002 年 5 月），是研究曾德昭及《大中国志》的力作，也是笔者的主要参考资料。谈曾德昭而不引用计氏的成果，是完全不可能的。

曾德昭（Alvaro Semedo, 1586—1658）是葡萄牙人，耶稣会士，基本上与金尼阁同期。他的在华经历也是大起大落，波折极多。他于 1602 年加入耶稣会，1608 年到达印度果阿，在那里完成了学业。

随后，他便申请赴中国传教，于 1613 年首次到达中国澳门，次年由广东而江西，然后抵南京。初入华时，他起的中文名为谢务禄，与意大利传教士高一志（Alfonso Vagnone, 1568—1640，后改名王丰肃）一起传教并研习汉语。

1616 年，南京礼部侍郎沈㴶发起仇教运动，他和高一志一起入狱。当时他重病了九个月，两次濒死，身体极度虚弱，才免于杖刑。1617年 4 月 30 日，两人被明朝政府驱逐到澳门。

他在澳门滞留了两年多，并未

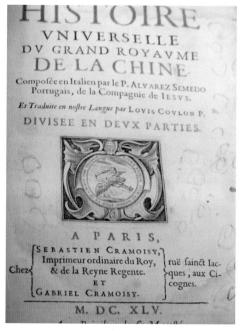

《大中国志》法文第一版标题页。该书出版于 1645 年（清顺治二年），当前售价 5000 美元。

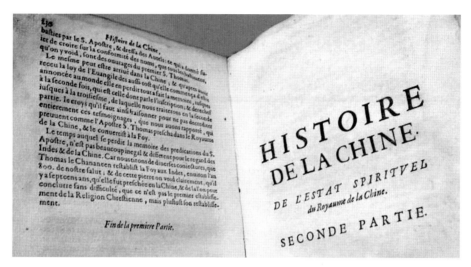

《大中国志》法文第一版含上下两部分，图示为该书第二部分。

返回欧洲。1620 年，他复入内地。这一次，他改名换姓，取名曾德昭，字继元，从此以这新的中文名字载入史册。再次入华后，他先返江西，继而到达浙江，留居浙江数年，其中以居留杭州的时间为多。其间，他与杨廷筠等人交往，并获后者的帮助，开辟了新教区。

1628—1630 年，他到达陕西西安府，实地考察了新出土的大秦景教流行中国碑。1630 年后，他再回江西南昌。

这一次，他一直待到 1637 年，才以耶稣会副省司库的身份，离华前往罗马。曾德昭从广东离境时，声望极隆，获当地士绅联名表彰。他于回程中停留印度果阿，1640 年抵达葡萄牙的里斯本，1642 年到达罗马。

1644 年 4 月，曾德昭再度被派往中国，于 1645—1650 年任耶稣会中国副总会长，主要居住在澳门、广州等地。1650 年 12 月，清兵攻破广州，曾德昭避居教堂。他本来有充足时间逃亡，但为了给一个改宗的伊斯兰教徒授洗，便滞留下来。随后，他又为所有的避难教徒举行赦礼。等一切仪式完毕，便将祭器深藏，然后穿上白祭服，点燃蜡烛，跪在祭坛上等死。随后，一队清兵冲进

《大中国志》法文第一版外观，原始的羊皮封面。

教堂，将他捕获。见他年老无用，许多人力主杀他。但清兵队长为获得赎金，将他留了活口，囚禁了5天。后来，他被清军主帅身旁的一个太监认出，指他是汤若望的同道。他终于得以生还，被放回教堂。这段经历，在卫匡国的《鞑靼战纪》中，作了最早的记载。

其后数年，曾德昭基本上长住广州。1654—1657年，他再任中国副总会长。1657年，他回过自己最喜欢的杭州。1658年7月18日，他于广州逝世，享年73岁。他葬在澳门附近的香山澳。

《大中国志》

关于该书的成书年代，中外有不同说法。根据计翔翔从《大中国志》的行文推断，曾德昭完成书稿的时间，应该是1641年。《大中国志》的原文为葡萄牙文，标题为《中国及其邻近地区的传教报告》（Relacao de propagacao de se regno da chinaeoutro adjacentes）后经历史学家 Manuel de Faria y Sousa（1590—1649）整理，并翻译成西班牙文，于1642年出版。与此同时，曾德昭亲自监督将书稿译成意大利文，于 1643 年出版。意大利文版的《大中国志》被视为最权威的，此后的法文版及英文版，均根据意大利文版而来。

　　曾德昭在中国前后累计 30 多年，跨越了明清两个时代，对明末中国的了解，不可谓不透彻。他的《大中国志》之获欧洲人重视，与《利玛窦中国札记》一样，全是因为扎实。该书作为观察、研究中国的第一手资料，具极高可信度。

　　该书在描述明末中国社会方面，几乎具百科全书的功能。在地理方面，涉及了中国的位置、版图、气候、人口、物产、各省概况及岛屿，包括中国台湾与海南。在社会方面，涉及了中国人的品貌、性格、才智、嗜好、民风民俗。在政治方面，叙述了行政架构、政体规章。在文教方面，论述了经史子集、科举考试、琴棋书画、出版发行。此外，该书对语言文学、宗教迷信、科学工程、工匠百艺、历史事件、异族异教，都有细致入微的描述。

《大中国志》法文第一版献词

　　他对聂思托里教碑石及碑文的描述，让西方尤为着迷。

　　聂思托里教即景教，为基督教的一个分支，5 世纪由叙利亚人聂思托里创立，认为圣母所生的人为天主与圣子的结合，因此耶稣有两个主体。根据大秦景教流行中国碑的碑文记载，景教是在唐太宗贞观九年（635），由阿罗本传入中国的，至立碑时的唐德宗建中二年（781），已传播了 146 年。此碑出土的时间，为明天启三年（1623），恰逢曾德昭在中

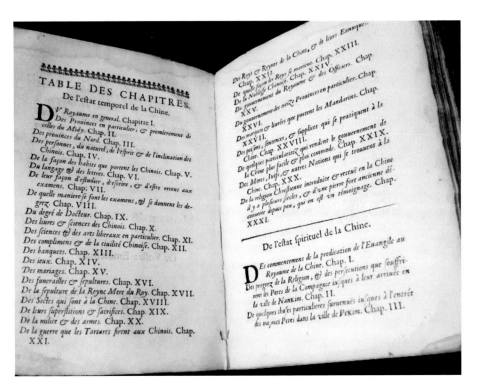

《大中国志》法文第一版章节目录

国传教。作为耶稣会的传教士，他对本教"分袂兄弟"一千年前在中国的传教事迹，自然是异乎寻常地关心，因此在《大中国志》中，他专辟一章，叙述对大秦景教流行中国碑的考察情况。据书中所写，碑高九掌余，宽四掌有奇，厚一掌多，顶部刻有十字架。碑文大部为中文，讲述了阿罗本之后景教在中国传播的经过。曾德昭将碑文之汉语部分译为葡萄牙文。因他的书首版于1642—1643年，故他的译文，是最早在欧洲出版的。

曾德昭因《大中国志》一书，被视为葡萄牙汉学之父。18世纪后，因欧洲汉学中心移往法国，成果代有新出，他的著作渐被冷落，少有提及。

1998年12月，上海古籍出版社出版了何高济译、李申校的中文版《大中国志》。何氏的译本是根据 1655 年的英文版译出的，可供希望了解内容者查阅。中文版目前未显示出收藏价值。

法文版头版

该书的葡萄牙文原版，据分析从未出版过，因为全球所有图书馆或博物馆，都无法找到踪迹。西班牙文的第一版，在市场已不可见。流通的版本中，以意大利文版居多，法文版属于罕见。

本书展示的《大中国志》法文版，为 1645 年巴黎出版的法文第一版。书名全文为：

Histoire vniverselle du grand royaume de la Chine / composée en Italien par le P. Aluarez Semedo portugais, de la Compagnie de Jesus ; et traduite en nostre langue par Louis Coulon P.

[Relação da propagação da fe no reyno da China e outros adjacentes. French]

[De l'estat temporel de la Chine]

[De l'estat spirituel du Royaume de la Chine]

233

DE L'ESTAT
SPIRITVEL
DV ROYAVME
DE LA CHINE.

DES PREMIERS COM-
mencemens de la Predication de l'Euangile
en ce Royaume.

CHAPITRE I.

AV iugement de Socrate, celuy qui parle contre le Soleil, est coupable du mesme crime, & merite la mesme peine, que celuy qui luy voudroit rauir la beauté de sa lumiere, auec laquelle il fait le iour; puisque l'vn est son fruit, & l'autre la fleur, comme dit gentiment Tertullien. Ce ne seroit pas vne moindre faute; au contraire plus lourde & plus enorme, traitant de la conuersion des peuples de la Chine, de nier que S. François Xauier ait esté comme la fleur du beau iour

Gg

《大中国志》法文第一版第二部分的第一章

出版商详情为：

A Paris : chez Sebastien Cramoisy, imprimeur ordinaire du Roy , & de la Reyne Regente. Et Gabriel Cramoisy , 1645.

市场实例

上述的《大中国志》法文版，目前在伦敦出售，该书外部尺寸为长 9 英寸，宽 7 英寸，标题页为黑红两色。该书为上下两部分合二为一，第一部分的标题为 "De l'estat temporel de la Chine"；第二部分的标题为 "De l'estat spiriteul du Royaume de la Chine"。由 Louis Coulon 从意大利文翻译成法文。全书含序言、索引共 367 页，无缺页，羔皮纸因年久而发暗，此外无破损。该书的售价 5000 美元。

美国纽约目前有一册《大中国志》的意大利文版在售，标题 Relatione della Grande Monarchia della Cina，为 1643 年的第一版，价格 4500 美元。比利时有一本 1667 年的法文版，售价 2456 美元。

四、卫匡国的《鞑靼战纪》

卫匡国生平

卫匡国（Martino Martini, 1614—1661）也是耶稣会士。他于明清两朝交替时抵华，因汤若望等前辈的铺垫，而受清朝官方善待，有了充分发挥的前提。

他于 1614 年 9 月 20 日生于意大利北部城市特伦托（Trente）。该城靠近今日的奥地利，有不少日耳曼人居住。关于他的国籍，学界有不同表述。方豪在《中国天主教史人物传》中将他归为意大利人，若从出生地来说，也说得通。但根据《天主教大百科全书》

卫匡国画像

（The Catholic Encyclopedia），卫匡国被列为奥地利耶稣会士，这可能在种族与国籍两方面都契合实际，应该是最权威的。

卫匡国17岁在罗马加入耶稣会，入罗马学院研习数学，曾师从德国数学家兼东方学者基歇尔，估计因此而对东方产生了向往。1632年，他被派往中国传教，于当年12月从热那亚启程，因旅途遭遇风暴，不止一次被迫返回里斯本。1640年，他到达印度的果阿，因缺乏船只，又等待了一年多，才重新上路。其中先后三次易舟，至1642年，才来到澳门，前后已用去了四年时间。

1643年，历尽艰辛的卫匡国终于到达中国杭州，随后便在浙江的杭州、兰溪、分水、绍兴、金华、宁波活动，又在江苏、北京、山西、福建、江西、广东等地留下了足迹，对中国山川地理、人物掌故详熟于胸。卫匡国入华之初，明政权正摇摇欲坠。为取悦明政府和士大夫，他取了汉名卫匡国，以示要匡扶大明。他广交江南名士、达官贵人，致力学习汉语，阅读中华典籍舆志。

卫匡国到中国时，正是清朝挥戈南下之际。他在兵荒马乱中数度逃生。他一度受南明隆武帝朱聿键之邀，入宫教授有关欧洲的知识。隆武帝的兴趣所在，主要为欧洲的炮术及火药生产的知识。遵照明廷的命令，卫匡国穿上了绣花官服，却偷梁换柱，把它当作做弥撒时穿的圣袍。

在明清的对战中，卫匡国先是加入了明朝的阵线，但经审时度势，不出数月，就转到清朝一边。1646年6月，卫匡国受隆武帝之托，前往温州附近的分水。不久，清兵来袭，卫匡国便在住所门外大书"大西天学修士寓此"字样，宅内杂置书籍、望远镜、显微镜等，中设祭坛，上供耶稣像，然后到临县暂避。清军虽破门而入，但未伤害任何人。将领并派人访觅卫氏，待之以礼，送回杭州教堂，并张贴布告保护。清军还让他穿上清朝服装，改变法式，以便一眼认出是新朝的拥趸。卫匡国改弦更张的唯一目的，是希望传教之途更为坦荡。

1650年，卫匡国被推为司库，应诏赴罗马教廷公干。他经福州、泉州、漳州、厦门南下，1651年3月5日离华。海途中因为被荷兰东印度公司的船只俘获，便一路随荷兰人返欧，先到德、法、英、比、挪威诸国，于 1654 年底始抵罗马。在罗马期间，他就中国传教时所遇到的礼仪问题，参加了教廷的辩论，最后以他的见解获胜。教廷事后颁敕令称，中国教徒的敬天、祭祖、尊孔等礼仪，只要无碍于天主教的传播均可照旧进行。卫匡国在罗马宗成教务后，1657 年再次赴华，曾觐见清顺治帝。他返杭州传教，得总督佟国器支持，在杭州新建了一所教堂，于 1661 年竣工，其宏伟壮丽的程度，为当时中国教堂之冠。同年，卫匡国不幸感染伤寒，于 6 月 6 日病逝于杭州，享年 47 岁。

卫匡国死后葬于老东岳大方井南天主教墓地。18 年后，因大方井墓地潮湿，教会遂将教士们的遗体择地另葬。及至打开卫匡国的棺木，赫然发现他衣冠如旧，遗体只缺了一个耳朵，其余完好无损。教徒们将他的遗体移往新墓地的小教堂，奉为圣物，"年中屡有人为之剪发修指甲，盥面整容，卧于木椅上，置于上层堂角，作共同祈祷状者"。对这一奇象，殷铎泽、柏应理、白晋等人均有描述。直到 1877 年，因尸体的腐烂加剧，教会才将其殓葬于墓地的教堂内。

卫匡国只活了短短 47 年，而其中的 11 年时光，更耗费在往来中欧的路途上。在早期耶稣会士群体里，卫匡国被视为利玛窦之后的又一学术高峰，并且是意大利汉学研究的最后一座丰碑。自他之后，欧洲汉学研究中心，便移往法国。就数量而言，他著有《中国历史概要》《中国上古史》《鞑靼战纪》《中国新图》《中国耶稣会教士纪略》《中国文法》《述友篇》等书。就范围而言，他的研究覆盖了中国历史、中国地理、中国语文、中国天主教传教情况等。他的著作，许多为西方研究中国的开天辟地之作，内容均广博深入，极受学界推崇。

《鞑靼战纪》拉丁文第一版

（Martino, Martin. De Bello Tartarico Historia. Antwerp, Pantiniana,1654）

《鞑靼战纪》是记述中国明清鼎革的重要历史文献。它从1616年满洲人（鞑靼人）进占开原城写起，至1651年清摄政王多尔衮薨逝及卫匡国离华止。此后至1654年间发生的事，因卫匡国已人在欧洲，便以征引中国来函的方式，收于附录。

《鞑靼战纪》是反映明清嬗替之际最原始的记载之一。它取材于卫匡国的亲身见闻、友人书信及官私记载，感受真切。因作者身份特殊，该书得以置身明万历后的党争之外，超越夷汉之分，无惧清初文字狱，而保持客观态度。虽然卫匡国同情的是明朝君臣的命运，但他对满洲八旗兵的军事动员制度和摄政王多尔衮的文治武功，评价积极；虽然敌

《鞑靼战纪》拉丁文第一版，出版于1654年（清顺治十一年），当前售价1100英镑。

视流民起义，但对于明朝官军掘开黄河大堤，导致30万生灵涂炭一事，照样揭发。

卫匡国认为明之灭亡，原因有三：其一为满洲的扩张战争，其二为流民起义，其三为上层党争。其中，流民起义又起了决定作用。至于李自成的失败，作者认为是进京后执行了错误的政策。李自成进京前，"在他统治的地方，免除了所有的官税，严守要温文有礼地对待老百姓。因此，所有的人都拥护爱戴这个十分美好的政权，愿意归附他的统治"。可是进入北京以后，"他下令逮捕所有的明朝官吏，很多人受酷刑致死……放手让士兵抢劫这个繁华的城市"。其后果是，"他这种可怕的残酷和暴虐，使他丢掉了国家"。

对明清鼎革之际耶稣会士及中国天主教徒的活动，《鞑靼战纪》也有详细

COGITANTI mihi tot tantaque Augustæ Familiæ MAIESTATIS VESTRÆ in Societatem nostram, ma-

《鞑靼战纪》拉丁文第一版内页局部

APPROBATIO CENSORIS.

HISTORIA hæc De Bello Tartarico, à R. P. Martino Martinio, Societatis IESV, aptè concinnata, & in nullo Fidei Catholicæ aut bonis moribus diſſona, luce publicâ digniſſima eſt. Actum VI. Martij, M. DC. LIV.

Guilielmus Bolognino
S. T. L. Can. & Lib.
Cenſor Antuerpiæ.

《鞑靼战纪》拉丁文第一版内页局部

记载。那时的耶稣会士继承了利玛窦路线，将传教重点放在统治阶级上层，收效显著。明清双方，都有传教士在其中活动。后来反清的各支队伍中，也都有入教或亲教的文人学士参加，其中一些，更成为南明政权的决策人物。

据书中的记载，可以看到万历年间教难时传教士的动向及心态；可以读到明朝向澳门购置火炮而使传教合法化；可以了解因清军优待传教士，使传教士计划借清朝上层力量，大力发展天主教。书中还真切描绘了各地传教士在战乱中的遭遇，比如，开封传教士誓与被洪水淹没的教徒同归于尽，福建建宁传教士侥幸在战火中逃生，西安两个传教士受到李自成义军的善待，南昌两个修士死于清军进攻。对于曾德昭的命运，书中也专门提及，写他在清军营中九死一生。同样，在四川传教的利类思、安文思则险些死于张献忠刀下。诸如此类的记载，让人窥出耶稣会士在中国各地是极其活跃的。

卫匡国的书，也证实了明末政坛一些要人的教徒身份，包括孙元化、霍式耜、

丁魁楚、庞天寿等，并叙述了他
们的经历。康熙后因实行禁教政
策，凡记录传教士和入教文人事
迹的著作，均被删毁，致使教徒
的活动在中国史籍中难觅。于是，
《鞑靼战纪》中的有关记载，便
使这些重要史实，不致因中国官
方的禁绝而淹没。

　　《鞑靼战纪》于 1654 年首版
于比利时安特卫普，为拉丁文版。
嗣后在德国科隆（1654）、英国
伦敦（1654）、意大利的罗马（1654、
1655）和荷兰的阿姆斯特丹（1655）
等地出版。据统计，1654—1706
年共用 9 种不同的语言发行 211
版，在当时曾经广泛流传。

　　拉丁文第一版为羊皮硬面，
外部尺寸长 12 厘米，宽 8 厘米，
正文 156 页，附雕版印制的地图。

市场实例

　　拉丁文头版的《鞑靼战纪》
存市量不算最少，因而虽然已出
版了 350 多年，价钱却不贵，一

《鞑靼战纪》拉丁文第一版内页局部

LECTORI SALVTEM.

SOLENT, *Candide Le-
ctor, qui peregrinis lustra-
tis regionibus reuertuntur
in patriam, conueniri ma-
gno studio, & quæstionibus penè obrui
à variis circumstantibus, euentus iti-
nerum, ignotarum terrarum situm &
naturam, gentium mores, ceteráque id
genus discere auidè cupientibus. Id ip-
sum ego, vltimo ex Oriente delatus in*

《鞑靼战纪》拉丁文第一版内页局部

般在 2000 美元上下。伦敦某古旧书店有两本在出售，一本开价 2190 美元，一本开价 1710 美元。

本书展示的一册，为土耳其伊斯坦布尔一家古旧书店的存货，无缺页，封面未重做，保持百分百原始状态，品相完整。该书开价为 1100 英镑。

五、米勒的《中华帝国观察》

米勒生平

德国人米勒（Andreas Müller, 1630—1694）前文已有论述。他一生从未踏足中国，却锲而不舍地予以研究。他所凭借的资料，大多来自耶稣会士的著述，及各方人士收罗到欧洲的中国典籍。他的研究，带有"二手"的色彩，同时也初具学院派汉学的雏形了。

米勒的时代，德国的北部已是新教的势力范围，因此，除汤若望等少数人外，德国赴华的耶稣会士很少，一手的资料，自然不普遍。但德国人对中国的好奇，绝不会落在葡萄牙人、意大利人和比利时人之后。德国照样出现了一批汉学名著，如基歇尔（Athanasius Kircher, 1602—1680）的《图说中国》、米勒的《中华帝国观察》、门泽尔（Christian Mentzel, 1622—1702）的《古今中国帝王年表》等。这些著作的共同特点，便是作者都未去过中国，内容也是炒别人的冷饭。即便如此，因作者都是学术大家，非无自己的见解和新意，因此照样走红。

米勒出生于格瑞芬哈根（Greifenhagen），先在格拉夫瓦尔德（Greifswald）及罗斯铎克（Rostock）学习路德派神学理论及东方语言。他原是以神学和语言学立身的。他的神学才能我们无从判定，但在语言学方面，确有异常禀赋。除了自己的母语及拉丁语外，他精通阿拉伯语，通晓土耳其语、波斯语、叙利亚语，并略通古代西亚的通用语阿拉米亚语（Aramaic）、巴勒斯坦地区的撒

玛利亚语（Samaritan）、古埃及的
科普特语（Coptic）、亚美尼亚语、
俄语、匈牙利语及现代希腊语。他
在莱顿（Leiden）继续其学业时，
首度接触到了中文，对象形文字的
迷恋，因此而愈发强烈了。

　　1667 年，米勒 37 岁时，当时柏
林公国的统治者腓特烈·威廉一世
（Friedrich Wilhelm Ⅰ）听到他的
名声，便请他去担任著名的莱比锡尼
古拉大教堂的教长，同时负责管理自
己图书馆中的东方图书。腓特烈·
威廉一世史上称"大选帝侯"（The
Great Elector），有做一番大事业
的雄心壮志，要将柏林建成一座健全
而完美的城市。他对米勒期冀甚殷，
交代了许多任务，其中一项，是让他
遍查馆藏的中国古籍，看在基督过世
那天，中国有无日蚀的记载。估计米
勒是一无所获，因为并无记录显示他
查到了相关的记载。

　　在柏林期间，米勒笔耕不辍，
叠有著作问世，包括其名著《中国
帝王录》（Basilicon Sinese, Berlin,
1674）、《中华帝国观察》等，并编

《中华帝国观察》柏林第一版，出版于 1674
年（清康熙十三年），拉丁文，当前售价 2750 美元。

《中华帝国观察》柏林第一版标题页

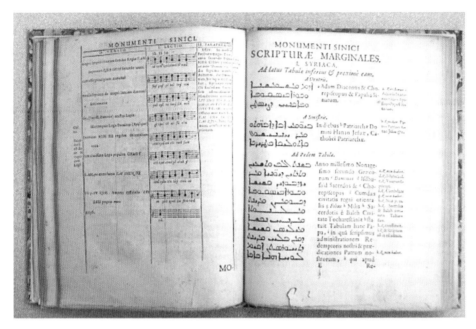

《中华帝国观察》柏林第一版内页

撰了米勒版的《马可·波罗游记》。名震当时的荷兰语言学家维特森（Nicolaes Witsen）在其著作中，便曾大量引用米勒的研究。与此同时，因维特森常去东方旅行，腓特烈·威廉一世便假他之手，大量收罗中文书籍。此外，当时巴达维亚的有钱名医克莱耶（Andreas Cleyer, 1634—1698）也贡献出许多中文书籍，终于使腓特烈·威廉一世图书馆的中文藏书，达到当时全欧最多，也使米勒的研究，有丰富资料作底。

其实，米勒除阿拉伯语外，对其他东方语言充其量是半通，却倾注了毕生心血。他对汉语等象形文字尤其执着，以致有走火入魔之嫌。1667 年 11 月，即他到达柏林的当年，他便发表文章，声称自己找到了"中文之钥"（Clavis Sinica）。任何人根据这把"钥匙"，便可轻松读懂汉语，以至于德国大学者莱布尼茨（Georg Wilhelm Leibniz, 1646—1716）读到后，也为之心动，连续写信向他求教。"中文之钥"的发明，使米勒在欧洲名声大震，也从此被讥为"骗子"，一直困扰他的余生。当时，欧洲已经历了地理大发现时代，无数传教士、商人、军人和探险家循海路到过中国，许多人经长期浸淫，中文根底深厚，尤以利玛窦为首的耶稣会士为最。他们遍读经史子集，能以中文著书立说，阐明科学及宗教问题。而晚于他们数十年的米勒，终其一生都未曾踏足中国半步。他的一点中文知识，全靠闭门摸索自学，却大张旗鼓发明"中文之钥"，遭有识者诟病，不足为奇。

1685 年，米勒因与斐氏存有神学理论分歧，离开了柏林公国。他被责为异端，到处遭受冷眼。而他有关"中文之钥"的著作，也无人愿意资助出版。他的晚年内心充满怨毒，死前，将手稿付之一炬。这不能不说是一大损失。

《中华帝国观察》（Andreas Müellerus, Hebdomas Observationum de rebus Sinicis. Coloniae Brandenburgicae & Berlin: Georgl Schultzl & Rungiana,1674）是米勒的文集，拉丁文，上下两册合一，1674 年于柏林出版第一版。米勒的研究并无新意，基本上是翻炒前人成果。书中内容包括中国的编年史、《圣经》中有关中国的描述、其后的文学作品中有关中国的描述、门多萨著作中的中国历代帝王列表、有关人参及其他植物的记录、马可·波罗在中国的经过、耶稣会的中文圣歌（含乐谱及拉丁文翻译）、有关大秦景教流行中国碑的评注等。

市场实例

本书展示的一册《中华帝国观察》，目前在美国华盛顿州一家古旧书店出售，标价 2750 美元。该书为 1674 年柏林第一版，八开本，精装，品相完好，封面为大理石纹硬纸板。

COMMENT. THEOLOG. 59

Unde *Pan cum* dicuntur maximæ naves, hoc est, lignea palatia.

2. *Infernus vide ngan' fu* dicitur, hoc est, tenebrarum metropolis. Col. V. 49.

In *Catechesi Sinica* Cœlum *tien tang* dicitur, hoc est, *Cæli turris*; infernus *ti yo*, hoc est, *terra carcer*. Neque ibi plurium fit mentio locorum.

3. 4. Sed in *Monumento* nostrô non ad *limbum* duntaxat *Patrum* alluditur. *Col. VI. 1.* Sed *Purgatorium* quoque accuratè describitur. Dicitur enim *locus igneus purgandi pulveris perficiendæ integritati*, *Col. V. 31.*

PURGATORII autem vocisque *sensum* ante Monumenti Sinici structuram in ipsô Christianismô notam fuisse, non est, quod probem, ubi nemo nescit.

2. *Purgatorii* vocabulo quæ respondeant non pauca sunt *Mahummedanis* usitata. Nempe

1. اعراف *Aarâf.*

Est hic titulus capitis VII. Alcorani. Atque ibidem versu 35 & 37. in textu legitur. Commentatores unanimiter tradunt, *locum* designari, qui sit *inter Paradisum & infernum medius*. Vide *Andreæ Ryeri* notas ad versionem ipsius Alcorani Gallicam, *Hottingeri* Biblioth. Orient. p. 110.

SADIUS Schirazita in Rosario Persico cap. I. p. m. 65.

حوران بهشتي را
دوزخ بود اعراف
از دوزخيان پرس كه
اعراف بهشتسق

Paradisi virginibus Purgatorium (*Aarâf*) *est infernus* (*Duzach*; Armenicè *Dzach.*)

Infernales interroga (*respondebunt*) *Aarâf Paradisum* (esse.)

2. برزخ *Berzach*. Ita Arabes quævis *intercapedinem* vocant. Peculiariter verò *statum animarum post mortem ad resurrectionem usq.* Vid. *Pocock.* Not. ad Port. Mos. p. 249.

3. *Almaâbad. vid Bellunens. in* Avicenn.

4. صراط *Sarat*, vel *Sirat*.

Pons infernalis esse dicitur. Vid. *Hotting.* Mohammed. Fid. & Leg. posit. 5. *Hotting.* Hist. Orient. 255

H 2　　　　Sed

《中华帝国观察》柏林第一版内页

第三章　欧中外交的一次失败尝试

1655 年，一个由荷兰人组成的团队，从爪哇的巴达维亚（今印度尼西亚雅加达）出发，经中国澳门进入广东，前往北京，求见清朝皇帝顺治。

这一年是中国清朝的顺治十二年，明朝的永历九年，正经历中国历史上君主制的最后一次改朝。1662 年（清顺治十九年，明永历十六年），永历帝朱由榔与儿子朱慈煊被吴三桂绞杀在昆明，明朝最终灭亡。

这一年正处于世界的大航海时代晚期，欧洲的殖民势力已经分批抵达中国的东南部，并牢牢扎下了根。首先来到中国的是葡萄牙人，他们实际控制了澳门。之后抵达的是西班牙人，他们控制了台湾岛的北部。最后到来的是荷兰人，他们先是占领澎湖，被驱赶后迁往台湾，控制了台湾岛的南部。

到了 1655 年，荷兰人已经在台湾实施了 30 余年的殖民统治。1642 年，荷兰与西班牙在台湾开战，西班牙惨败，随后彻底退出了台湾，回到菲律宾。自此之后，台湾就被荷兰人独家控制了。与他们打过交道的中国人，一般称他们为"红毛鬼"。

当时的荷兰共和国还处于雏形，是欧洲尼德兰北部七大行省组成的松散联合体，根基很浅，缺乏统一的国家强权。它的对外经贸及殖民活动是由一家公司主导的，这与其他欧洲国家很是不同。这家荷兰公司成立于 1602 年，一般称为"荷兰东印度公司"，正式名称是"联合东印度公司"（荷兰文 Vereenigde Oostindische Compagnie，简称 VOC），因为它是由尼德兰地区 14 家远东贸易公司合并组成的。成立公司的目的，是合力开发亚太地区。但它并非荷兰国有企业，实质上是一家私人公司，由私人股东控制，以盈利为目的。但这家公司获得荷兰共和国的投资和特许授权，可以在欧洲以外的所有地区，行使准国家的权力。这些权力包括拥有军队，发动对其他国家的战争，与外国政府签订协议，发行货币，建立殖民地，任命总督，征收税捐，有立法权和司法权。荷兰共和国从东印度公司的盈利中获得了巨额股息。在亚太地区，人们将荷兰东印度公司与荷兰国家等同视之，公司即国家，国家即公司。

1619 年，荷兰东印度公司在爪哇的巴达维亚（今天的印度尼西亚雅加达）建立了总部，并以此为大本营，逐步建立了远东海上霸权。公司通过商业与贸易活动获利，如果商贸活动受到阻挠，就设法谈判。如果谈判不能成功，就实行劫掠。如果劫掠受到阻挠，就发动战争，占领土地，建立殖民地，实施残酷统治。到了 1655 年，公司在台湾与日本人、西班牙人及明朝军队经历多次冲突与战争，已经完成了这个循环，建立了殖民统治，控制了中国大陆与菲律宾之间的贸易往来。

东印度公司对利益的追求是无止境的。在垄断了海洋贸易后，他们继续寻找与中国内地的贸易机会。在 1655—1685 年的 30 年里，公司向北京派遣了六个使团，希望获得与中国进行贸易的特权。其中的首次遣使行动，最具历史意义。

荷兰东印度公司的第一个使团于 1655 年 7 月 14 日出发，以巴达维亚城总督德·豪伊尔（Pieter de Goyer）为正使，凯瑟尔（Jacob Keyzer）为副手，共 16 人。从澳门进入内地后，他们首站抵达广州，历经数月的繁文缛节，谈判交涉，于 1656 年 3 月 17 日获准离开广州，乘船北上。他们辗转多地，于同年 7 月 18 日抵达北京。抵京后，他们请到了耶稣会教士汤若望做他们的翻译和顾问。

汤若望说的是德语，与荷兰语的关系，相当于山东话与天津话的关系，所以大家沟通无碍。汤若望在清廷行走多年，老于世故，向他们详细教授了宫廷规矩和拜见皇上时的礼仪，并事先作了告诫，以免使团因行事不当遭遇危险。同年9月24日，顺治帝终于召见了使团一行。在汤若望的事先嘱咐下，使团一行人叩头如仪。顺治帝龙颜大悦，皇恩特开，准荷兰人每八年一次，派使团赴京觐见，每次人数不得超过一百人。虽然幸蒙御召，但皇上只字未提贸易通商事宜，更未恩准任何贸易权。10月16日，使团突然接获敕令，限两个小时内离京。无奈之下，只好狼狈离去。他们回程又用了三个月，使此行总共花了二十个月零六天。使团的来回行程中，经过的地方包括广州、虎门、黄埔、杭州、南京、九江、芜湖、扬州、通州、天津等地，创下了中西交流史上的一个新纪录。

虽然荷兰东印度公司此行壮志未酬，却收获了一个计划外的成果。它促成了一部重要著作的诞生，这部著作就是本章要说的《荷使初访中国记》。

在荷兰东印度公司的第一使团中，有一个团员是若望·尼霍夫（Johan Nieuhoff，1618—1672）。他集多种身份于一身，既是资深旅行探险家，也是商人、画家。他的出生地是下萨克森州，以前是尼德兰地区的一部分，今天属于德国。他于1640年前往巴西发展，从此除了短期回荷兰探亲外，一生都在世界各地活动。1649年，荷兰人在巴西被葡萄牙人打败，他便离开巴西，来到巴达维亚，加入荷兰东印度公司。1654年，公司着手准备出访中国，他获任管事一职。他的职责是负责此行的所有礼仪方面的工作，及安排使团沿途的住宿。但首要任务是绘画，用"最接近真实"的笔法，记录沿途遇到的所有城市、河流及一切有价值的建筑物。不夸张，不想象，不美化，也不丑化。

尼霍夫可谓是尽心尽责。他一路认真绘画，认真记录。积累了大量宝贵资料。他于1658年回到荷兰，将全部图文资料交给弟弟亨得利克·尼霍夫（Hendrik Nieuhoff）保管处理。因为他自己是探险家，注定浪迹四海，颠沛流离，难保这些资料的安全。尼霍夫此后继续漂泊，在世界各地探险经商。1663年前后，他被公司派到印度的科拉姆（Quilon），任务是获取贸易权。1663—1667 年，他在公司驻锡兰（今斯里兰卡）的机构中谋得一个职位，其间因被控走私珍珠，遭关押了几个月，之后便被遣返巴达维亚。回到巴达维亚后，他便被东印度公司开除了。1672 年，他回荷兰探亲。在返回亚洲的途中，他搭乘的东印度公司轮船停靠在非洲马达加斯加岛。10 月 8 日，他与轮船的大副一起上岸，朝内地进发寻找淡水，同时希望找到土著部落，建立贸易关系。他们登陆不久后，船长听到了几声枪响，知道出事。又苦等三天不见人影，断定他们已遭土人谋杀，便不再等待，拔锚启航，驶向下一站毛里求斯。后来，阿姆斯特丹的东印度公司总管理局得知此事，遂命令另一艘船从好望角出发，前往马达加斯加救人。经努力搜寻无果后，只好认定他们已经死亡。这一年，尼霍夫 54 岁。

尼霍夫在外探险的时候，弟弟亨得利克·尼霍夫没有辜负哥哥的厚望，根据他留下的图文资料及耶稣会士的相关著述，花了七年时间，呕心沥血，终于辑录成一部关于中国的巨著，图文并茂。1665 年，这部书由荷兰阿姆斯特丹的 Jacob van Meurs 公司出版。作者署名是若望·尼霍夫。亨得利克的名字并未出现。世事沧桑，此书出版时，尼霍夫正在锡兰的监狱里服刑。万里之外的中国又已发生了巨变。南明政权已经于三年前正式覆灭了。荷兰东印度公司辖下的台湾殖民政权，也已被郑成功赶出宝岛，台湾终于回到了中国的怀抱。

此书荷兰文版（原版）的书名是：

Het Gezandtschap der Neêrlandtsche Oost-Indische Compagnie, aan den grooten Tartarischen Cham, den tegenwoordigen Keizer van China: Waarin de gedenkwaerdigste Geschiedenissen, die onder het reizen door de Sineesche landtschappen, Quantung, Kiangsi, Nanking, Xantung en Peking, en aan het Keizerlijke Hof te Peking, sedert den jaren 1655 tot 1657 zijn voorgevallen, op het bondigste verhandelt worden. Beneffens een Naukeurige Beschrijvinge der Sineesche Steden, Dorpen, Regeering,

本书文字及插图作者若望·尼霍夫　　　　荷兰文版扉页

Weetenschappen, Hantwerken, Zeden, Godsdiensten, Gebouwen, Drachten, Schepen, Bergen, Gewassen, Dieren, et cetera en oorlogen tegen de Tartar : verçiert men over de 150 afbeeltsels, na' t leven in Sina getekent.

那时欧洲各国的书籍都采用这种冗长的命名方式，算是时代的风气。与其说是书名，不如说是内容简介。为符合中国读者习惯，将其翻译为《荷使初访中国记》。

《荷使初访中国记》一书，详细介绍了 17 世纪中国的地理、文化、风景、建筑、习俗、礼仪、服饰，以及茶、瓷器、刺绣等特色物产。书中对诸多历史人物，如平南王尚可喜、靖南王耿继茂、顺治帝及汤若望等，都有记录和描述。对中国山川之秀丽壮阔，建筑之雄伟精湛，人文之奇异陌生，方方面面，均有着墨。

就荷兰文原版来说，此书分为两部分，第一部分以文字为主，记录并描绘了使团在中国的整个行程，从广州到北京，再从北京回广州，含途中所经过的每一处。第二部分是对中国国情的综合介绍，包括桥梁、山脉、庙宇、民俗等，配以大量插图，共 149 幅之多，为此前欧洲汉学著作中所罕见。

此书出版后，获得巨大成功。出版社趁热打铁，即刻组织力量，将书翻译成其他欧洲文字。同年，即出版了法国人卡朋蒂埃（Jean la carpentier）翻译的法文版。1666 年又出版了德文版，1668 年出版了拉丁文版，1669 年出版了英文版。但英文版是由另一家公司 John Ogilby 出版的。

《荷使初访中国记》具有极高收藏价值。这基于以下几点。

平南王尚可喜

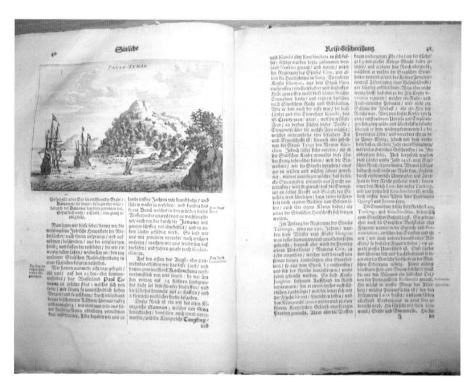

1666 年德文初版实物图

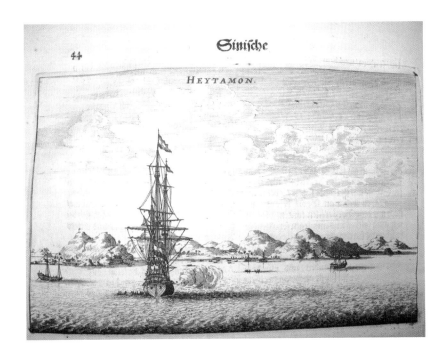

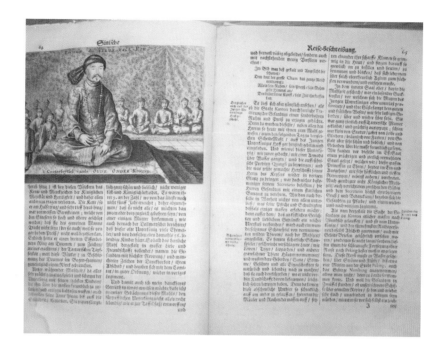

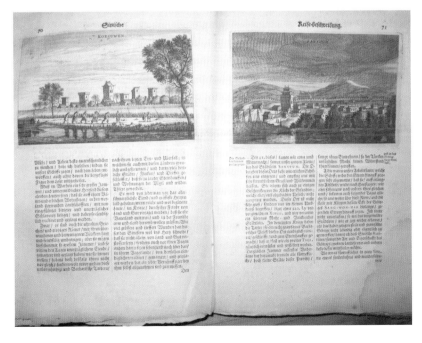

　　第一，这本书记载了一个独特而重要的历史事件。在中外交往史上，欧洲宗教组织很早就进入中国，并与朝廷、皇室发生了各种交集互动。但欧洲国家派遣使团觐见中国皇帝，这应该是第一次。虽然使团是由荷兰东印度公司派遣，不能完全算作"国家行为"，但放在当时的特定语境里，考虑到东印度公司的特殊性质，也应该算是"准国家行为"。此行开启了欧中外交的新篇章，对后来的外交活动产生广泛影响。137 年后，英王派遣马戛尔尼爵士率团谒见乾隆，与东印度公司的行动不仅形式雷同，目的也一样，似乎就是东印度公司此行的翻版。比较显著的区别是，荷兰人对中国皇帝叩头如仪，英国人只愿意单膝下跪。

　　第二，这本书的出版，使欧洲人看待中国的方式，由浪漫主义转为现实主义。《马可·波罗游记》出版以来的几个世纪，欧洲人笔下的中国，几乎接近神话故事。大部分写作者没有实地经历，靠传闻和想象杜撰，表现出的中国是一个虚幻缥缈的国度。而这本书描写的中国，采取纪实的方式，确有其地，确有其事，确有其人，确有其言。虽然也是蜻蜓点水，至少努力贴近现实了。从此之后，再用胡编乱造的方式书写中国，就开始难以立足了。它对后世出现的类似作品，影响是不可估量的。在本书的启迪下，后来的英国人如法炮制，以纪实手法，写出了《英使谒见乾隆纪实》等多部著作（详见本书后面章节）。无论是内容还是插图，都青出于蓝而胜于蓝了。

　　第三，这本书的插图，改变了欧洲"中国主题绘画"的不良画风。尼霍夫绘制的 149 幅插图，对中国社会的场景作了真实再现，不再如以往那些图画，全是想象和虚幻。它像投下了一枚炸弹，在欧洲艺术圈造成震荡，并推动了一股新的绘画潮流，被称为"中国风"（chinoiserie）。进入 18 世纪后，"中国风"在欧洲艺术圈非常兴盛。许多画家和建筑师进行艺术创造时，都以尼霍夫的绘画为蓝本。从此书的出版，到现代摄影技术登陆中国，中间两百多年时间里，尼霍夫的中国主题绘画一直在欧洲占据主流地位。涉及中国内容的各种出版物，大量选用他的作品为插图。以至于阅读欧洲涉华书籍时，总觉得插图眼熟。尼霍夫绘制的原稿曾一度佚失，所幸1984年的时候，在收藏家罗兰·波拿巴亲王（Prince Roland Bonaparte）的藏品中被人重新发现，也算美术界的一件大事。

第四，这本书的荷兰文原版存世量稀少，非常珍贵。值得一提的是，其他语种的《荷使求谒顺治实录》与荷兰文原版有很大不同，都经过了较多的编辑、增删，以增强商业性。用今日话语，就是为了更畅销。此书的当今市场价值很难一概而言，取决于语种、版本、品相等。从收藏角度看，荷兰文的头版应该是最有价值的。其他语种的版本为了畅销，都作过增删修改，已经不纯粹了。

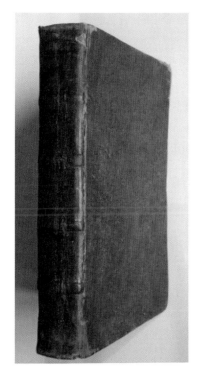

1669年德文版实物图

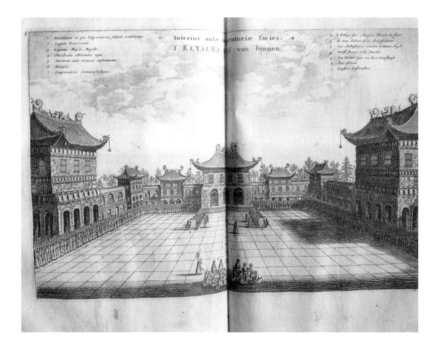

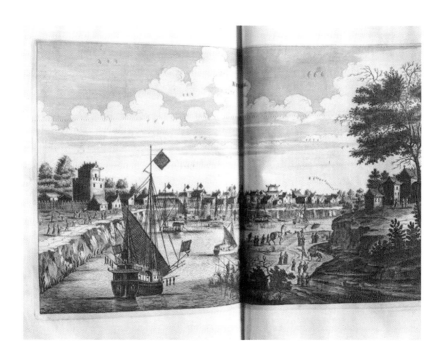

收藏本书插图原稿的罗
兰·波拿巴亲王

但荷兰文版似乎少见踪迹。法文版、拉丁文版、德文版、英文版时有露面。中国也偶尔能见到该书在拍卖。

目前，巴黎某古旧书店有一本1669年的德文版在售：

Die gesantschaft der Ost-Indischen beselschaft in den vereinigten Niiederländern an den Tartarischen Cham und nunmehr auch Sinischen Keiser, verrichtet durch die herren Peter de Gojern und Jacob Keisern

售价是2983美元。该书不是初版（德文版的初版是1666年），兼之品相较差，折页的地图和插画都有破损，部分丢失，页面有水渍，封面、书脊也有破损，售价却照样不低。

很多年前，见过一本德文版的初版，品相更差，封面、封底都已不见，似乎也卖了数千美元。

可以推想，如果是荷兰文的原版，而且品相不错的话，售价应该在10000美元以上，上不封顶。

第四章　中英首次官方接触

一、马戛尔尼之行与涉华著作的大丰收

18 世纪末，英国与中国已有一定数量的贸易往来，但局限在广州一地，又受中国官府严格限制，历经摩擦，难成气候。英帝国当时为西方第一强国，如

《英使谒见乾隆纪实》英文版插图：京杭大运河景色

日中天，以工商业为立国之本，对国际贸易的依赖性极强，迫切需要扩大对华贸易，形成新市场和原料来源地。但中国官府视英商为患，一贯限制，终于使英国忍无可忍。英方认为，英国商人无法在中国打开局面，是因为中国皇帝偏听地方官员一面之词，至少是不悉实情，才导致英商处处遭为难。为打破这种僵局，英王乔治三世的政府决定，趁乾隆皇帝寿辰之际，以祝寿为名，派出使团，直接向中国皇帝面陈实情，并同清政府谈判，以改善两国贸易，进而建立正常的外交关系。于是便有了马戛尔尼勋爵率团出使中国的壮举。

该使团以马戛尔尼为大使（Embassidor），斯当东为公使（Minister），中国一般称其为正使与副使。马戛尔尼（1737—1806）出生于爱尔兰，毕业于都柏林的三一学院。1764 年，他任遣俄罗斯特使，驻彼得堡三年，回国后任议员。1769 年，他回到爱尔兰，任首席行政长官，离任时，被授予爵士头衔。1775 年，他任加勒比海群岛总督。1776 年，他被爱尔兰贵族院封为爱尔兰男爵。1780 年，任孟加拉总督。后来，他对印度总督一职拒而不受，于 1786 年返英。1792 年，

《英使谒见乾隆纪实》英文版插图：京杭大运河边的临清城风光

他被爱尔兰贵族院封为爱尔兰伯爵，同年被委派大英帝国首任赴华使节。1795年，他被英国贵族院封为英国男爵。1796 年，任好望角总督，1798 年因病辞职。他于 1806 年病死英国。

马戛尔尼赴华使团的阵容庞大无比，包括了外交官、青年贵族、学者、医师、画家、乐师、技师、士兵、仆役和水手，近 700 人。一团人分乘三艘大船，浩浩荡荡，经过 10 个月航行，于 1793 年 7 月到达天津大沽口外，并于 9 月 14日在承德避暑山庄觐见了乾隆皇帝。

马戛尔尼出使中国一事，已成世界历史的热门话题，国内外著述浩繁，不复赘述。本书探讨的对象，只是当前市面留存的随团人员著作的珍本。马戛尔尼的使团里人才济济，因此著作甚丰，其中有使团副使斯当东所著的《英使谒见乾隆纪实》、正使随员安尼尔斯·安德逊的《英使来华记》(经记者孔博整理)、卫兵霍姆斯的日记、随团画师亚历山大的日记、小斯当东家庭教师赫托南的日记。时隔许久后，又出版了随团天文学家丁维提所著的纪实及正使秘书约翰·巴罗的《中国旅行记》。

马戛尔尼使团来华前，西方对中华的描写太富理想主义色彩，大多是不切实际的美言。至今仍有中国人引用当时西方的虚幻辞藻，来证明中国之发达。而使团的全面考察，将这层虚幻面纱无情捅破了。

使团成员的著作中，安德逊(Aeneas Anderson)的《英使来华记》算是最"亲华"的一本。它的代笔者孔博为迎合读者，挖空心思描绘一幅中国美景。但笔端触及目睹的事实时，仍暴露了乾隆"盛世"的真相。比如，书中写道，英国人将船上已发臭的肉扔进海里，没想到被中国人捞了起来，吃得津津有味，可见中国物质之贫乏。另一处援引一位英国人的评论说，中国人"对陈规陋习顶礼膜拜"，"对机械工艺一无所知"，故"造船技术不发达"。书中还写到中国兵士以鞭子开道，中国人做饭环境肮脏，见到外国人便哄堂大笑，所有这些，都令人极反感。

赫托南（Huettner, J. C.）的书，则揭露中国人全然不懂制革技术；不会远洋航行，游船缺乏"舒适设备"；建筑虽然远看富丽堂皇，近看却粗糙不堪，镀金不匀。

至于卫兵霍姆斯（Samuel Holmes）的日记，则更直截了当。他写到，中国民众见英舰鸣放臼炮时，吓得魂飞魄散，不禁怀疑中国到底是不是火药的发明国。他还写到，中国人虽然恭敬有加，却限制访客的自由，不让你在城里走出一步。中国人难以想象的多疑，又非常之无知，"中国人无法相信除了他们之外还有别的民族存在"。

正使马戛尔尼本人的手稿很晚后才被发现，于1908 年出版了其中一部分，1962 年才被全文整理出版（An Embassy to China. Being the Journal kept by Lord Macartney during his embassy to the Emperor Ch'ien-lung 1793 - 1794 & Lord Macartney's Observations on China）。

林林总总的出版物中，副使乔治·斯当东从男爵所著的《英使谒见乾隆纪实》为此行的官方版本，内容也翔实全面，一直占据最重要地位。

二、英使涉华著作举要

《英使谒见乾隆纪实》英文版

（STAUNTON, Sir George, Baronet, An Authentic Account of an Embassy from the King of Great Britain to the Emperor of China; including Cursory Observations made, and Information Obtained, in Travelling through that Ancient Empire, and a Small Part of Chinese Tartary. Together with a Relation of the Voyage Undertaken on the Occasion by His

Majesty's Ship Lion, and the Ship Hindostan, in the East India Company's Service to the Yellow Sea, and the Gulf of Pekin; as well as of their Return to Europe; with Notices of the Several Places where they Stopped in their Way out and Home; Being the Islands of madeira, Tenerife, and St. Jago; the Port of Rio de Janeiro in South America; the Islands of St. Helena, Tristan d'Acunha, and Amsterdam; the Coasts of Java, and Sumatra; the Nanka, W. Bulmer, London, 1797)

AN
AUTHENTIC ACCOUNT
OF
AN EMBASSY
FROM
THE KING OF GREAT BRITAIN
TO THE EMPEROR OF CHINA;
INCLUDING
CURSORY OBSERVATIONS MADE, AND INFORMATION OBTAINED, IN TRAVELLING THROUGH
THAT ANCIENT EMPIRE, AND A SMALL PART OF CHINESE TARTARY.
TOGETHER WITH A RELATION OF
THE VOYAGE UNDERTAKEN ON THE OCCASION
BY HIS MAJESTY'S SHIP THE LION, AND THE SHIP HINDOSTAN, IN THE EAST
INDIA COMPANY'S SERVICE, TO THE YELLOW SEA, AND GULF OF PEKIN;
AS WELL AS OF THEIR RETURN TO EUROPE;
WITH
NOTICES OF THE SEVERAL PLACES WHERE THEY STOPPED IN THEIR WAY OUT AND HOME;
BEING THE ISLANDS OF MADEIRA, TENERIFFE, AND ST. JAGO; THE PORT OF RIO DE
JANEIRO IN SOUTH AMERICA; THE ISLANDS OF ST. HELENA, TRISTAN
D'ACUNHA, AND AMSTERDAM; THE COAST OF JAVA, AND SUMATRA,
THE NANKA ISLES, PULO CONDORE, AND COCHIN-CHINA.
TAKEN CHIEFLY FROM THE PAPERS OF
His Excellency the EARL OF MACARTNEY, Knight of the Bath, His Majesty's
Ambassador Extraordinary and Plenipotentiary to the Emperor of China; Sir ERASMUS GOWER,
Commander of the Expedition, and of other Gentlemen in the several Departments of the Embassy.
By SIR GEORGE STAUNTON, BARONET,
Honorary Doctor of Laws of the University of Oxford, Fellow of the Royal Society of London, His Majesty's
Secretary of Embassy to the Emperor of China, and Minister Plenipotentiary in the absence of the Ambassador.
In Two Volumes, with Engravings; beside a Folio Volume of Plates.
VOL. I.
LONDON:
PRINTED BY W. BULMER AND CO.
FOR G. NICOL, BOOKSELLER TO HIS MAJESTY, PALL MALL.
MDCCXCVII.

《英使谒见乾隆纪实》英文第一版标题页

　　《英使谒见乾隆纪实》为两卷本,记录了马戛尔尼使团来华活动过程及见闻,巨细不遗。全书共 17 章, 分两卷, 其中卷一（1—10 章）记录了使团离英赴华途中的航海情况及沿途见闻, 涵盖了南欧、非洲沿岸、大西洋和太平洋岛屿等地区。卷一的卷首为乾隆帝肖像, 由随团画师亚历山大（William Alexander）精心绘制, 并有六幅插画；卷二（11—17 章）主要记述了使团在中国的活动, 包括使团与清政府的外交往来, 及作者对当时中国政治、文化、历史、地理、生活方式和社会习俗的记录。卷二的卷首有马戛尔尼画像, 为使团另一名画家希基（T. Hickey）的手笔, 并有 21 幅插图, 主要为亚历山大作品的雕版。此外,书中还有 44 幅雕版地图及插画，也是亚历山大的作品占压倒性多数。这些图画以写实主义手法，真实复制了乾隆时代中国社会的景观。

《英使谒见乾隆纪实》的主要功绩，在于它还当时的中国社会以本来面目。这本书从各个方面把中国的落后具象化了，却绝无诬陷和抹黑。

该书于 1796 年先由伦敦 Atlas 公司出版；1797 年再由伦敦 W. Bulmer 出版；1797 年 Stockdale 公司出版皮卡迪利（Piccadilly）的剪辑本（辑本共十二章，其中 1—8 章是原书卷一的缩写；9—12 章是卷二的缩写）；1799 年美国费城 Compbell 公司也出版该书。

《英使谒见乾隆纪实》的中文版已由上海书店出版社出版，译者为民盟中央前副主席叶笃义。中文版的译文精当，无恶劣的翻译腔，读来轻松。想了解该书内容的人，不妨一阅，一定有收获。可惜中文版未标注原文的版本信息，其中的插图，除亚历山大的作品外，还加进了 40 多年后奥伦《中华帝国图景》中的作品，不知何解。因中文版不含序言、说明或后记，因此无法推断。中文版也不具收藏价值。

《英使谒见乾隆纪实》英文第一版前的乾隆皇帝像

市场实例

《英使谒见乾隆纪实》英文头版的当前市场价，一般在 12000—20000 美元。

澳大利亚的新南威尔士州目前有一本伦敦 W. Bulmer 1797 年第一版的《英使谒见乾隆纪实》在售，要价为 14177 美元。

《英使谒见乾隆纪实》英文第一版插图：被仪仗队簇拥的乾隆皇帝坐在轿子上

《英使谒见乾隆纪实》英文第一版插图：长城

but his own purse was deemed a mark of personal fa-
vour, according to the ideas of eastern nations, among
whom any thing worn by the person of the sovereign, is
prized beyond all other gifts. It procured for the young
favourite the notice and caresses of many of the manda-
rines, while others perhaps envied his good fortune. This
Imperial purse is not at all magnificent, being of plain
yellow silk, with the figure of the five-clawed dragon, and
some Tartar characters worked into it. It is delineated in
the annexed engraving, together with one of the sceptres
intended as presents from his Imperial Majesty.

《英使谒见乾隆纪实》英文第一版插图：乾隆皇帝赠给斯当东的玉如意及赠给小斯当东的荷包

20　　　　　　　　　　　EMBASSY TO CHINA.

CHAPTER II.

PREPARATIONS FOR THE EMBASSY.

However flattering patronage may be considered to a minister, it becomes, on occasions of importance, a duty nice and difficult to perform. He is not more answerable for the measures he adopts, than for the choice of those to whom he confides their execution. As to the former, he may have credit given to him for the exercise of his judgment without any particular predilection; but, in suiting persons to employments, it behoves him, in order to escape censure, to be equally on his guard against his own partialities, and the solicitations of his most intimate connections; and he finds himself perfectly secure, only, when his private opinion coincides with the general voice.

Such was the case in the appointment of an Embassador to China. Lord Macartney was in the number of those whose reputation was established for talent, integrity, and an aptitude for business. Few men had been tried in a greater variety of situations; and he was, perhaps, the only man whose conduct on his return from a high station in India; the opposite parties in the legislature, united in applauding; and his friends en-

《英使谒见乾隆纪实》英文
第一版内页：第二章

《英使谒见乾隆纪实》英文第一版插图：乾隆皇帝接受马戛尔尼跪递的国书

此外，伦敦有一本 W.Bulmer 1798 年的第二版在售，是专为王室供书商 G. Nicol 印制的御用书，要价 19665 美元。

《英使谒见乾隆纪实》法文版

《英使谒见乾隆纪实》出版后，欧美各地纷纷跟进推出，各语种的版本不计其数。单法国一地，自 1798 年起，便由巴黎 Buisson 公司出了法文版，且一版再版。其早期版本为四卷本，目前的售价较低，在 600—1500 美元；稍后出了五卷本，目前售价较高，在 2000—4000 美元。

市场实例

四卷本

照片所示的为《英使谒见乾隆纪实》法文版（Staunton, Sir George Leonard,VOYAGE DANS L' NTÉRIEUR DE LA CHINE, ET EN TARTARIE,

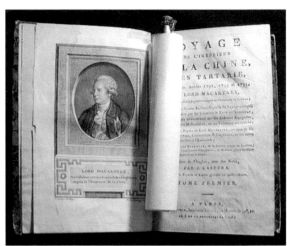

《英使谒见乾隆纪实》法文第一版四卷本，出版于 1798 年（清嘉庆三年），当前售价在 600—1500 美元。

FAIT DANS LES ANNÉES 1792, 1793 ET 1794, PAR LORD MACARTNEY,
AMBASSADEUR DU ROI D'ANGLETERRE AUPRÉS DE L'EMPEREUR
DE LA CHINE; ... RÉDIGÉS SUR LES PAPIERS DE LORD MACARTNEY,
SUR CEUX DE SIR ERASME GOWER, COMMANDANT DE L'EXPÉDI-
TION, ET DES AUTRES PERSONNES ATTACHES A'L'AMBASSADE.
1—4. Paris, F. Buisson, 1798.）此书为巴黎 Buisson 公司 1798 年第一版，由
J. Castéra 翻译成法文。目前在瑞典斯德哥尔摩一家古旧书店挂牌出售，售价
780 美元。

五卷本

意大利某古旧书商目前有一套五卷本的法文版在售，为第二版。该书的外
部尺寸为长 8.125 英寸，宽 5.125 英寸，原始封面，一半蒙皮，一半为仿大理
石纹纸板。第四册及第五册后面有折页地图，内里的书名页完整。整套书品相

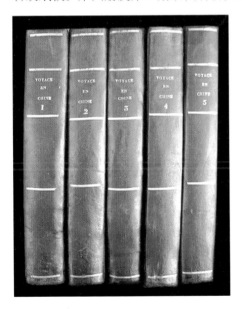

《英使谒见乾隆纪实》法文五卷本，出版
日期稍后于四卷本，当前售价在 2000—4000
美元。

《英使谒见乾隆纪实》法文五卷本
插图：中国官员

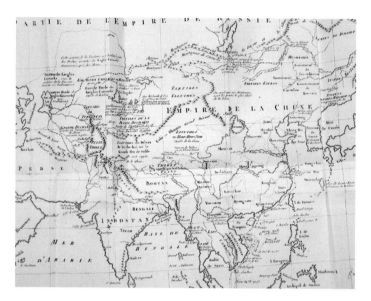

《英使谒见乾隆纪实》法文五卷本插图：中华帝国地图

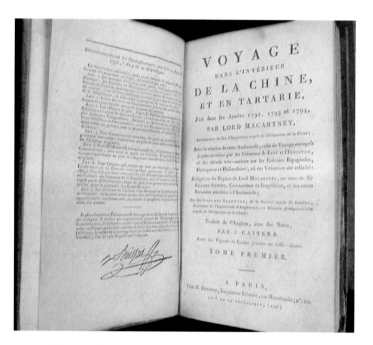

《英使谒见乾隆纪实》法文五卷本标题页

完好，书脊无开裂破损，内页只有极轻微且少量的印渍，总体干净。该套书于 2008 年 4 月在 Ebay 推出，最后以 610 美元成交。

《英使来华记》

（Aeneas ANDERSON, A Narrative of the British Embassy to China, in the Years 1792, 1793, and 1794; Containing the various Circumstances of the Embassy, with Accounts of Customs and Manners of the Chinese; and a Description of the Country, Towns, Cities, &c. &c. New York, 1795）

马戛尔尼使团回国后，最早面世的相关著作，并非官方版本的《英使谒见乾隆纪实》，反而是马戛尔尼随员安德逊所著的《英使来华记》。安德逊的书，是英国书商雇记者孔博为枪手，根据安德逊的日记整理出来的。使团回国的次年，该书便匆匆出版，显然是为了迎合英国公众一睹为快的迫切愿望。出书的速度固然够快，质量却难说是上乘的。而且，安德逊作为马戛尔尼的跟班，于外交活动之核心内容，自然所知有限。此书在时间上拔得头筹，替出版商挣到一票，却因价值不高，较早淡出了公众及学界的视野。

《英使来华记》共 25 章，以日志为形式，叙述了 1792—1795 年马戛尔尼使团的在华活动。书的内容为乾隆接见

《英使来华记》巴塞尔第一版，出版于 1795 年（清乾隆六十年），当前售价 2018 美元。

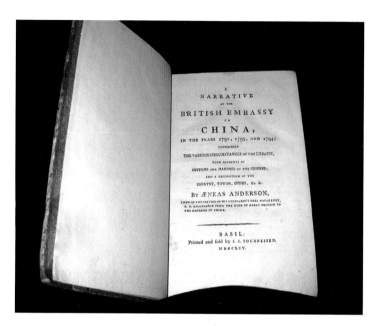

《英使来华记》巴塞尔第一版标题页

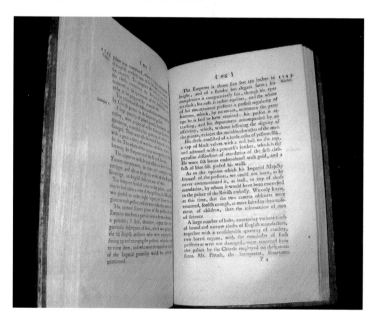

《英使来华记》巴塞尔第一版内文

马戛尔尼使团的过程、使团在中国境内航行所经市镇，以及作者目睹的中国生活百态与风俗习惯。该书于 1795 年由伦敦 J. Debrett 出版；同年纽约的 T.& J. Swords、费城的 Dobson 及瑞士巴塞尔的 J. J. Tourneisen 都据该本重印；1796 年都柏林 J. Debrett 公司重印。

市场实例

《英使来华记》各种版本在市场上都能觅到踪迹。目前，波士顿某古旧书行有一本伦敦 J. Debrett 第一版在售。该书为四开，正文 278 页，封面为原始的牛皮蒙面硬板，边角全部破损，无封底，书脊松散，靠胶带粘住。内页有少量印渍。该书标价 785 美元。

巴塞尔的头版，目前售价介乎数百美元至 2000 美元之间；美国各地出的头版，售价也在数百美元左右。本书图示的为该书巴塞尔 J.J. Tourneisen 公司 1795 年版，标价 2018 美元；另一本为纽约 T. & J.Swords 1795 年第一版，标价 800 美元。

《中国旅行记》

（John Barrow, Travels in China, containing descriptions, observations, and comparisons, made and collected in the course of a short residence at the Imperial Palace of Yuen-Min-Yuen, and on a subsequent journey through the country from Pekin to Canton. In which it is attempted to appreciate the rank that this extraordinary empire may be considered to hold in the scale of civilized nations. printed by A. Strahan for T.Cadell and W. Davis, London,1804）

马戛尔尼的秘书巴罗画像

巴罗生平

巴罗（John Barrow，1764—1848）是马戛尔尼的秘书，据《英使谒见乾隆纪实》介绍，他与丁维提都是"娴熟天文、力学和其他以数学为基础的科学，他们在这样的旅程中有很大的作用"。

巴罗的出身贫寒。他13岁即辍学，到利物浦一家翻砂厂当职员。因为性喜探险，几年后辞去工厂工作，到一艘格陵兰捕鲸船上当水手。后经努力学习，他终于成为格林威治海军学院的数学老师，其职业取向，仍紧贴航海事业。后经一位学生家长的介绍，他进入了政府公务员的行列，第一份工作，便是以马戛尔尼秘书的身份，随英国使团前往中国。

回国后，巴罗便撰写了《中国旅行记》，一炮而红。对于巴罗的能力，马戛尔尼一直非常欣赏，当他赴南非开普敦任总督时，又邀巴罗同往。巴罗在非洲的所作所为，广遭后世诟病，被指为帝国主义分子的典型。他的自传对非洲土著用语恶劣，作出赤裸裸的种族攻击，以今日观点看，是活脱脱的殖民主义反面教材。

有趣的是，巴罗对南非这块土地，倒是陷入深爱，在开普敦附近成家立业，准备永久厮守。不想，南非于1803年再次落入荷兰人之手，他只好返回英国。回国后，才知道自己在好望角的作为居然大获国人好评。不久，海军部委任他为部长第二秘书，在皇家海军中位高权重。他盘踞这个高位整整45年，为了大英帝国的利益，在全球疯狂扩张，派出无数探险队，前往地球每个角落，包括南极和北极。他说服了海军，使上下都认同，英国必须控制每一条贸易航线，使其他工业国一概臣服。

1845 年，根据巴罗的建议，约翰·富兰克林率领 24 名军官，110 名水兵，分乘两艘军舰，从格陵兰出发，往北冰洋测绘航线图，结果全军覆没，无一生还。此事给巴罗沉重一击，使他深陷无尽的自责。从此，他将所有探险活动一概停止，集中精力于政治及社会活动，加入的各种社团组织无数，并参与建立了皇家地理学会。

他一生著作浩繁，大都影响深远。他死于 1848 年 11 月，享年 84 岁。英国崛起为日不落帝国，巴罗扮演了重要角色。

巴罗的《中国旅行记》出版时，英国使团离华已 10 年，可见他作为科学人才，面对写作一事，态度比较严谨。在马戛尔尼使团中，巴罗可能是对中国文化真正感兴趣的人。他的书篇幅达 600 多页，全书共十章，前三章叙述使团与清政府的外交活动；第五章是作者对皇宫以及皇家园林的见闻。其余七章记述使团从北京出发，沿内河河道返回广州的沿途见闻，内容涉及中国的政治、法律、财政、税收、对外贸易、军事、建筑、民情风俗、宗教、音乐、语言文学等方面（其中对于民情风俗、宗教、语言和文化尤为详尽）。其涉及面之广，几乎可与 18 世

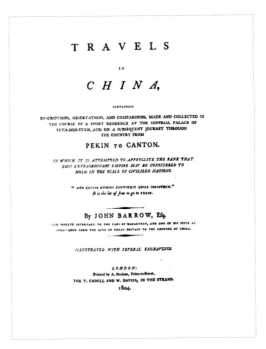

TRAVELS

IN

CHINA,

CONTAINING

DESCRIPTIONS, OBSERVATIONS, AND COMPARISONS, MADE AND COLLECTED IN
THE COURSE OF A SHORT RESIDENCE AT THE IMPERIAL PALACE OF
YUEN-MIN-YUEN, AND ON A SUBSEQUENT JOURNEY THROUGH
THE COUNTRY FROM

PEKIN to CANTON.

IN WHICH IT IS ATTEMPTED TO APPRECIATE THE RANK THAT
THIS EXTRAORDINARY EMPIRE MAY BE CONSIDERED TO
HOLD IN THE SCALE OF CIVILIZED NATIONS.

"NON CUIVIS HOMINI CONTINGIT ADIRE CORINTHUM."
It is the lot of few to go to PEKIN.

By JOHN BARROW, Esq.

LATE PRIVATE SECRETARY TO THE EARL OF MACARTNEY, AND ONE OF HIS SUITE AS
EMBASSADOR FROM THE KING OF GREAT BRITAIN TO THE EMPEROR OF CHINA.

ILLUSTRATED WITH SEVERAL ENGRAVINGS.

LONDON:
Printed by A. Strahan, Printers-Street,
FOR T. CADELL AND W. DAVIES, IN THE STRAND.
1804.

《中国旅行记》伦敦第一版，出版于 1804 年（清嘉庆九年），当前售价 2300 美元。

《中国旅行记》伦敦第一版内文

纪法国传教士杜赫德的《中华帝国全志》（Jean Baptiste du Halde, Description géographique, historique, chronologique, politique et physique de l'empire de la Chine et de la Tartarie chinoise）媲美。但是，两人对中国的态度则判然有别。那位法国人是极尽赞美之能事，而这位英国人却多持批判眼光。在巴罗看来，应该被称为"蛮夷"的不是西方人，而正是"不进则退"的中国人自己。

巴罗的笔触，还专门指向中国的同性恋现象，他写道："对这种可耻及反自然的罪行，中国人竟然少有羞耻感，也不觉得微妙。许多高级官员坦承有此癖好，并无任何犹豫。这些官员常常有童子持烟斗服侍左右，大多是些俊美男孩，年纪在十四至十八岁之间，衣着华美。"西方文献中，这是对中国官员恋童癖的较早描写。

市场实例

《中国旅行记》首版存世量不多，但市场上一直有货。若书本保持原始状态，品相完好，价格都在 3000 美元以上。本文图中所示的，为伦敦 A. Strahan 公司 1804 年出版的巴罗《中国旅行记》第一版。该书为四开，共 632 页，内含六幅亚历山大绘画的水彩画和四幅戴维斯丹的钢板插图，翻新的封面，半摩洛哥皮，半大理石纹。该书目前在美国马里兰州某古旧书店出售，标价 2300 美元。

第五章　残酷的中国

近现代的西方把世界分成三种人：文明人、野蛮人和半野蛮人（Civilized, Barbarian, Semi-barbarian）。中国人一般被视为半野蛮人。对此，中国人自然是愤愤不平的。中国的文明史至少有三千多年，文字久远，书画绝伦，圣贤辈出，典籍焕然，饮食精妙。被历史远较自己为短的西方称为半野蛮人，中国人是无论如何咽不下这口气的。

但王朝时代的中国，皇帝和官府可以视生命如草芥；男子可以随意三妻四妾，妇女被迫缠小脚，遵守三从四德；国民卫生水平状如猪狗；生产方式千年不变；神鬼迷信主导一切事物，国民对世界及宇宙的认知极度蒙昧。面对中国人此种文明分裂症，当时的西方人便将其归入半文明、半野蛮一类了。

如前面章节所述，耶稣会士入华以来，对中国的描绘原以粉饰为主。正是这些描述，使西方史学界得出一种印象，以为中国于明朝以前，无论精神文明与物质文明，一直是雄踞世界前列的。马戛尔尼使团访华后，团里的英国人用笔揭穿了这层假象。而抨击最烈的，是马戛尔尼的秘书约翰·巴罗。他在使团回国十年后，出版了《中国旅行记》，矛头直指中国封建统治的残暴。该书指出，中国人生活在最为卑鄙的暴政之下，生活在怕挨竹板的恐怖之中；他们把妇女关闭起来，并给她们裹脚；他们残杀婴儿，并犯有其他违情悖理的罪行。他们胆怯、肮脏并残暴。英国的《爱丁堡评论》欢呼说，此书使中国这个"半野蛮的"帝国"声誉扫地"。（见佩雷菲特著，王国卿等译：《停滞的帝国》，三联书店，2007，第 427 页）。从此，"半野蛮"便成了西方对中国的定论。

马戛尔尼使团抵华后，清朝对犯人的折磨，给英国人上了震撼的一课，头一次懂得，原来人是可以折磨出如此多花样的。于是，本着探究精神，这些刑罚的花样被英国人一一记录，并精笔描画下来，编撰成书，供世人开眼。这便是 1801 年在伦敦出版的《中国酷刑》一书。

此书的先河一开，英国及整个欧洲的出版物，便时刻都要把兴趣的焦点，集中到清朝的刑罚体系上来。比如，英国领馆翻译密迪乐在《中国人及其叛乱》（Meadows, Thomas Taylor, The Chinese and Their Rebellons, London, 1856）中，便描写了 33 名叛军被砍头，又详细交代了剐刑的过程，如何从头上划刀，到乳头被割，到大腿肉一片片割去，最后将尸首卸下十字架，一刀把头剁去。稍后，《泰晤士报》记者柯克在《中国》（Cooke, George Wingrov, China, Being The Times Special Correspondence from China in the Years 1857—58, London, 1858）一书中，写到随额尔金目睹清朝监狱的恐怖："（监狱）屋内的恶臭几乎让人无法忍受，而那情状则无法让人再看第二眼。屋子中央躺着一具尸体，上面唯一新鲜部位的乳房，已被老鼠吃掉。尸体周围上下是一群腐烂的人，他们居然还活着……那惨状令人终生难忘。他们是骷髅，而不是人。"英军第 67 团军医蓝普瑞 1867 年在一份军事学院学报撰文写到，1864 年，他在苏州看到一名士兵因拦路抢劫被砍头，大群中国民众便围观砍下的头颅，而那头上的肌肉还兀自不停抽搐，达十分钟之久。蓝普瑞的记录图文并茂，刻画入微。菲尔德的《从埃及到日本》（Field, Henry M., From Egypt to Japan, New York, 1877）则描写了刑讯逼供的折磨方式："大厅里有两根圆柱。这两个人都跪在地上，两只脚缚在一起，动弹不得。先把他们的背部靠到一根柱子上，用小绳系紧脚大拇指和手大拇指，然后用力拉向后面的柱子，绑在上面。这立刻让他们痛苦万分，胸部高高突起，前额上青筋暴跳，真是痛不欲生……"

因此，《中国刑罚》一书虽然简单，却具划时代的意义。

一、《中国酷刑》

（Mason, Major George Henry. The Punishments of China. London, William Miller, 1801. First edition.）

《中国酷刑》为英国人乔治·亨利·梅森少校编著，伦敦威廉·米勒出版社出版，1801 年出第一版。按该书标题页所记，梅森是英军第 102 团的少校，可惜生平已不可考，国内外皆不存他的资料，甚至使人怀疑这名字只是一个假托。

至于《中国酷刑》中收集的画作，与梅森少校编的另一书《中国服饰》一样，都是当时广州外销画匠"蒲呱"（Pu Qua）的作品。而蒲呱的身份，与梅森一样成谜。

从 18 世纪中期起，广州的外销画行业已渐成气候，业内人主要按欧洲市场口味，制作中国风味的画作出口，画的风格，采用了西式的透视和明暗，又保留中国式的线条勾勒，技法则显得稚嫩，反而有种独特风味。那些画匠，估计完全把绘画当糊口手段，因此全都将真名隐去，以致生平皆不可考。"蒲呱"是当时广州外销画最常见的署名之一。据李超《中国早期油画史》研究，蒲呱的主要活动地点在广州，专长是油画肖像及风景、风俗画，并曾于 1769—1771 年在英国逗留。

但据笔者分析，李超所说的蒲呱，最多是所在画肆的东主或首席画家，因为使用"蒲呱"之名的，绝不止一人。这个署名，从 18 世纪中叶一直沿用到 19 世纪下半叶，前后超过百年，若说都出自同一人手笔，倒成了笑话。

18、19 世纪之交时，梅森是蒲呱固定客户，可能包销了蒲呱的所有作品。

《中国酷刑》目录

或可以说，蒲呱都是按梅森的订单来作画的。《中国酷刑》中的画，便是这么出笼的。或许是出于市场推广的考虑，梅森将这些画结集出版，果然一炮而红。

《中国酷刑》全书共 54 页，其中含 22 张彩色插图，每张插图以英文和法文注解。书的形制颇大，长 14 英寸，宽 10.5 英寸。皮质封面，深红色，大量烫金，精美异常。

该书的插图依次为：

1.升堂提审；2.押赴收监；3.游街示众；4.板子杖桩；5.钳扭双耳；6.悬空吊刑；7.照面拍板；8.竹桥渡仙；9.机架夹足；10.排木夹指；11.石灰腌目；12.负柱铸链；13.上枷待决；14.拖木禁行；15.囚笼押送；16.套竹定椿；17.挑断脚筋；18.长凳锁禁；19.驱逐流放；20.押往刑场；21.环首死刑；

梅森《中国酷刑》伦敦第一版，出版于 1801 年（清嘉庆六年），当前售价 2000
美元以上。

《中国酷刑》插图：升堂提审

《中国酷刑》插图：押往刑场

《中国酷刑》插图：游街示众

《中国酷刑》插图：板子杖梃

《中国酷刑》插图：排木夹指

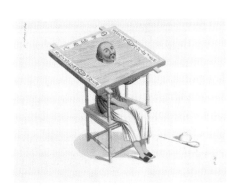

《中国酷刑》插图：上枷待决

《中国酷刑》插图：机架夹足

22. 斩首之刑。

此书的出版，开创了这类出版物的先河。从此，对中国酷刑及背后蕴含之民族性的研究，渐成西方学术研究的一个主要支派。当前，西方研究中国酷刑的学人，以 Jérome Bourgon、Claire Margat、Maria Pia Di Bella 等为代表。其研究之深入、广泛与详尽，让人叹为观止。而该书的插图，亦成为西方艺术史上的永恒经典。今天，西方所有招贴画网站均出售该书插图招贴画，每张的价格约为 49 美元。

当前西方古旧书市场上，《中国酷刑》第一版的价格一般为 2000—2600 美元。

二、《中国刑罚》——《中国酷刑》的手绘仿本

梅森的《中国酷刑》出版后，一时大热。很久以后，上海及香港等开放口岸仍有手绘的仿制品流传。业界的一般看法是，这些仿本是根据沪港两地外商的订单逐册绘制的。

手绘本的出现，较梅森一书晚得多，一般出现于 19 世纪中晚期，但画幅上仍署"蒲呱"的名字。蒲呱这时即使未作古，也不可能再挥笔作画了，因此明显是后人冒名顶替。手绘本的技法，比之蒲呱的原作，也稚拙很多。

仿制的手绘《中国刑罚》虽以梅森一书为参照，却都有变化。个别画幅，如以木盒装人等场景，则是原创的。因是手工绘制，兼之流传稀少，这些作品虽为仿制，却并不便宜。

市场实例

本书展示的一册，内含 12 幅手工绘制的水彩画，封面为硬板布面线装，未注明出版商、年代、画家及编著者。该书在欧洲市场标价 2000 美元。

《中国刑罚》手绘本，印制日期不可考，当前售价在 2000 美元左右。

《中国刑罚》手绘本插图。与梅森一书比较，刑罚的花样另有不同。

《中国刑罚》手绘本插图：另一种夹指刑

《中国刑罚》手绘本插图：打头顶

《中国刑罚》手绘本插图：关入笼子

第六章　奇装异服

18、19 世纪之交，因照相技术尚未问世，所有的视觉再现，唯有依赖绘画。当时，欧洲国家以绘画再现新发现的风气盛行，而神奇的中国，更是成为焦点。上一章节所说的中国酷刑书，即产生于这一背景，而本章节谈论的中国服饰书，也是如此。

正如中国人看西方人的打扮一样，从西方人的视角看，中国的服装自然是奇装异服了，很能吸引大众的兴趣。因此，纪录中国服饰的书籍，在欧洲各国纷纷涌现。其中最主要的两本均出于英国人的手笔，名字也雷同，都起名为《中国服饰》。其中一本由梅森著，出版于 1800 年。另一本由亚历山大著，出版于 1805 年。此外，法国人布列东也著有名闻遐迩的《中国的艺术与服饰》一书，于 1811 年在巴黎出版。

一、梅森的《中国服饰》

（George Henry Mason. Costume of China. William Miller,London,1800）

广州版

梅森的《中国服饰》是其《中国酷刑》一书的姊妹篇。该书最早在中国广州成书，时间约为 1789 年。但正式出版的地点是伦敦，时间则是 1800 年。

广州版的《中国服饰》目前已从市面绝迹，其最后一次成交记录是在 2003 年，由伦敦的艺术基金（Art Fund）从不知名的卖家手中购得，出价为 17000 英镑，已交由牛津郡的阿什莫林艺术与考古博物馆（Ashmolean Museum）收藏。

根据艺术基金会提供的资料，该书分为原稿及成书两部分。原稿含 60 幅手绘的水彩画及文字说明。据书中说明介绍，该些水彩画全部在中国广州绘制。

梅森《中国服饰》广州版插图。广州版的成书时间约在 1789 年（清乾隆五十四年），目前已从市面绝迹。

在成书上，每幅插图都标有 Pu Qua, Canton, Delin 字样。Pu Qua 即为"蒲呱"，Canton 是广州，而 Delin 估计是商号，可能是"德龄社"之类的译音。

英国版

直到 1800 年，梅森的《中国服饰》才在英国发行首版。该书的首版保留了广州版的全部 60 幅插图，均为手工上色。每幅画以英、法两种文字解释。文字共有 14 页，未标注页码。图画尺寸大小不一，内页的尺寸则为长 34.6 厘米，宽 25.9 厘米。刻板的工匠注明是 Dadley。

以后再版时，便删减为 48 幅插图。插图内容上至官员贵妇，下至贩夫走卒，笔触无一不及，生活的覆盖面相当宽广。其绘画风格与《中国酷刑》一样，采用了西式的透视、明暗、投影等技法，写实特征浓厚，又融入中国的白描手法，自有一种独特的东方趣味。这种风格，一直影响到后世的连环画。由于绘制精美，西方世界对这些插图的兴趣长盛不衰，至今还是招贴画网站的常销货。

梅森在序言中称，他收集的画作，原来只作私人收藏，无意公之于众。藏了 10 年后，经不住一帮朋友的怂恿，终于还是将其刊印出版。

市场实例

欧洲市面上，该书的首版本已寥若晨星，本书展示的，为目前唯一在售的一种，标价倒是极合理的，只有 5106 美元。

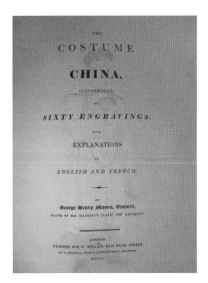

梅森《中国服饰》伦敦版第一版标题页，注明含 60 幅插图。该书出版于 1800 年（清嘉庆五年），当前售价 5106 美元。

梅森《中国服饰》伦敦版第一版插图：编藤器的匠人

梅森《中国服饰》伦敦版第一版插图：搓棉线的老妇

Pu Quà, Canton, Delin.

Dadley, London, Sculp.

Publish'd May 4.1799. by W. Miller. Old.Bond Street, London.

梅森《中国服饰》伦敦版第一版插图：弹棉花的匠人

梅森《中国服饰》伦敦版第一版插图：更夫

威廉·亚历山大自画像

二、亚历山大的《中国服饰》

（ALEXANDER, William.THE COSTUME OF CHINA ILLUSTRATED IN FORTY-EIGHT COLOURED ENGRAVINGS. William Miller, London，1805）

亚历山大生平

亚历山大（William Alexander, 1767—1816）生于英国肯特郡，父亲是马车制造匠。他于1784年入皇家学院学画，一直学到1792年。这一年，他被选为马戛尔尼使团的低级画师，随马戛尔尼勋爵访华，当时大约25岁。不想，出发后，亚历山大的顶头上司便露出技艺生疏的原形，无法胜任使团的主要绘画工作。于是，整个远行计划的正式绘图任务，便大多落在亚历山大的肩上。他以强烈好奇心，捕捉新世界所见的一切，作品大多是素描和水彩。回英国后，与此行有关的书籍，纷纷以他的作品为插图的底本，以铜版雕刻印制。这些书，包括了副使斯当东所作的《英使谒见乾隆纪实》及巴罗的《中国旅行记》等。他的画在斯当东的书中，是以黑白印刷的。好在他自己出了彩色的《中国服饰》及《中国衣冠举止图解》（Picturesque Representations of the Dress and Manners of the Chinese 1814）两书，留下了当时中国的精美记录。

回国不久，他被聘为大马洛军事学院的图画教授，1808年，转任大英博物馆的印刷画及素描画管理员，直至去世。他的绘画生涯，以描绘英国风景为主，也绘制了大量的古董图。他的作品由英国各大博物馆收藏，其中收藏最丰的是梅斯顿博物馆。

亚历山大虽算不得一流画家，却受过严格科班训练，画技纯熟，画风与梅森一书的插画迥异，繁复而灵动，现场感强，形象栩栩如生，是西方主流风格了。该书48幅插画均为铜版雕刻印刷，手工上彩。内容包含各式建筑、船只、三教九流、生活百态等。

亚历山大的《中国服饰》与梅森的《中国服饰》有几大区别。首先，梅森书中的画，是专为表现中国服饰而作的，其中的服饰种类，几乎涵盖了当时中国社会的各行各业；而亚历山大书中的画，则选自他入华时创作的素描及水彩。由于创作时并非专门针对服饰一项，因此，这些画与服饰的关系，并不密切，更多是在表现风景与建筑。

其次，梅森书中的图画，全部出自广州的中国画匠蒲呱之手。画面聚焦人物本身，背景被彻底虚化。虽然人物五官仍带西洋特征，但中国风格总体较浓，匠气十足。而亚历山大的图画，则全是自己的创作，有场景，有纵深，技法超过蒲呱，西洋风格明显，较少匠气。

最后，梅森的书出版在前，亚历山大的书出版在后。亚历山大一书的出版，明显是受到梅森一书的启发，乃是效尤之作。因此，总体而言，梅森的书称为《中国服饰》，是名副其实的；而亚历山大的书虽然画艺高出蒲呱，但以同名刊行，有附会的嫌疑。

头版早期版本

即便同为 1805 年的头版，该书也有先后之分。最早的版本较粗糙，为灰色硬纸板封面，有些前面有副标题页和出版社广告，有些则没有副标题页和广告，但有献词和两散页的订购者名单。这两种早期头版，大英图书馆都有收藏。

市场实例

亚历山大《中国服饰》头版的早期版本，当下已是凤毛麟角，最近才发现又有一册在纽约露面。该书为四开本，外部尺寸为长

亚历山大的《中国服饰》头版早期版本，出版于 1805 年（清嘉庆十年），制作粗劣，当前售价6500 美元。

13.75 英寸，宽为 10.625 英寸，带印刷厂的日期水印。书前有标题页，书后有出版商的广告，但没有献词页和订户名单页。全书共收 48 枚手工上色的彩图，均为亚历山大所作。封面为原始的灰色硬纸板，未经切割。该书有一个蓝色布面盒子，为后来新配。

该书当前售价为 6500 美元。

头版正式版本

本书图示的为头版的正式版本，推出时间较前两者略晚。红色皮封面，四角有轻微磨损。外部尺寸为长 13.5 英寸，宽 10 英寸。内里收图 48 枚。书页三边烫金。该书目前在美国加州出售，标价 5929 美元。

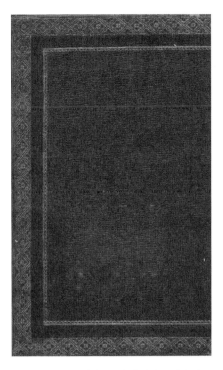

亚历山大的《中国服饰》头版正式版本，出版于 1805 年（清嘉庆十年），制作精美，当前售价 5929 美元。

三、布列东的《中国服饰与艺术》

（BRETON de la Martinière, Jean-Baptiste Joseph.La Chine en miniature, ou choix de costumes, arts et métiers de cet empire, repréntés par 74 (sic) gravures, la plupart d'après les originaux inédits du cabinet de feu M. Bertin, ministre; accompagnés de notices explicatives, historiques et littéraires. Paris, Demonville for Nepveu, 1811）

亚历山大《中国服饰》头版插图：銮仪卫士兵

14

亚历山大《中国服饰》头版插图：带孩子的中国妇人

亚历山大《中国服饰》头版插图：王文雄像

亚历山大《中国服饰》头版插图：求神拜佛

亚历山大《中国服饰》头版插图：押送囚犯

法文版

见英国人连连出版中国服饰书籍，法国人岂容他们专美，也于 1811 年出版了自己的专著，即布列东的《中国服饰与艺术》一书。

《中国服饰与艺术》一书为布列东著，但资料却完全来自法国耶稣会神父伯丁（M. Bertin）的收藏。伯丁神父于 1762—1880 年任法国国务秘书，并负责中国北京地区的耶稣会传教工作。据记载，他曾设法让两名中国教徒到法国学习科学，并在其学成归国时，让他们捎回了 400 幅艺术品及工艺品的图画。伯丁神父不惜工本，大量收购来自中国的奇珍异物，并竭力收集对中国各种事物的文字描绘或图像。而伯丁神父收集的图像资料，自然包括梅森及亚历山大的著作。因此，布列东的《中国服饰与艺术》一书，尽管内容是原创的，插图却大量临摹梅森的《中国酷刑》及《中国服饰》两书。

该书的法文原版首版于 1811 年，分两册六部分，深绿色摩洛哥皮封面，书脊及封面边框大量烫金花饰。书内含 100 页全页插图，8 页折页插图，铜版印制，手工上色。该书对中国的手工行业、能工巧匠及工具行头最感兴趣，不惜花大量笔墨，不厌其烦地描绘。

法文版头版目前已是稀世珍品，市面上在售的，价格都在 35000 美元以上。

英文版

法文版的《中国服饰与艺术》出版后，英国人反过来翻译引进，于 1812 年出了英文版，并一版、再版、三版地连续发行下去。可见欧洲各国间的文化交流何等频密。

J.J. Stockdale 版

英文版的头版目前流通较少，市场上能见到踪迹的是 1813 年出的第三版（MARTINIERE BRETON, [JEAN-BAPTISTE-JOSEPH] . CHINA，Its Costume, Arts, Manufactures，Edited Principally From The Originals In The Cabinet of The Late M. Bertin: With Observations Explanatory, Historical, and Literary. LONDON: Printed for J.J. Stockdale. 1813）。该书封面为红色摩洛哥皮，有别于法文版的绿皮封面，尺寸为长 8.5 英寸，短 5.75 英寸。与法文版一样，英文版也分为两册，但内中只含四部分，有别于法文版的六部分。每部分分别为 128 页、125 页、135 页、160 页。此外，英文版共有 80 幅手工着色的插图，比法文版少了 20 幅。本书展示的《中国服饰与艺术》照片，为 1813 年出版的英文版第三版。

《中国服饰与艺术》的早期英文版本（第一版至第三版）目前市场价一般在 2500—6000 美元，与法文版的不可同日而语。

Howlett and Brimmer1824 年版

版式内容与 J.J. Stockdale 版完全一致。此处展示的一套，将四册合装为两册，黑色摩洛哥皮面，烫金文字。内页三边烫金。书况完好，目前在英国出售，售价 2000 美元。

布列东《中国艺术与服饰》英文版第三版，出版于 1813 年（清嘉庆十八年），当前售价 2500 美元。

布列东《中国服饰与艺术》英文版第三版插图：乾隆皇帝像

A Cardon dareru

SEDAN CHAIR OF THE PRIME MINISTER.

Pub.^d 23 April 1811 by J.J. Stockdale 41 Pall Mall

布列东《中国服饰与艺术》英文版第三版插图：清朝要员的轿子

布列东《中国艺术与服饰》英文版第三版插图：官员的马车

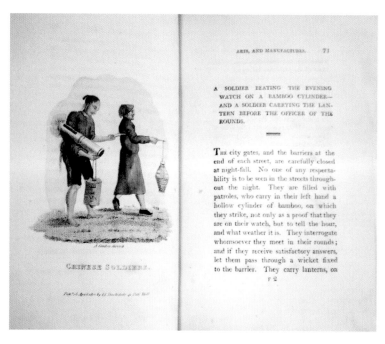

布列东《中国服饰与艺术》英文版第三版插图：中国兵勇

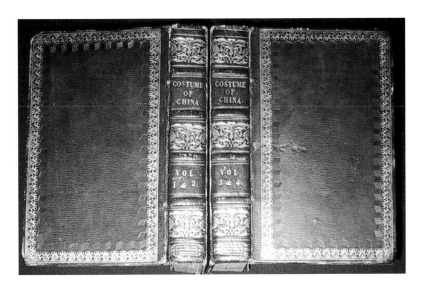

布列东《中国服饰与艺术》Howlett and Brimmer 1824 年版，当前售价 2000 美元。

布列东《中国服饰与艺术》Howlett and Brimmer 1824 年版插图：被锁的囚犯

布列东《中国服饰与艺术》Howlett and Brimmer 1824 年版插图：酿酒者

JUGGLER.

布列东《中国服饰与艺术》Howlett and Brimmer 1824 年版插图：卖艺人

布列东《中国服饰与艺术》Howlett and Brimmer 1824 年版插图：剃头匠

布列东《中国服饰与艺术》Howlett and Brimmer 1824 年版插图：磨米

布列东《中国服饰与艺术》Howlett and Brimmer 1824 年版插图：耕藉礼

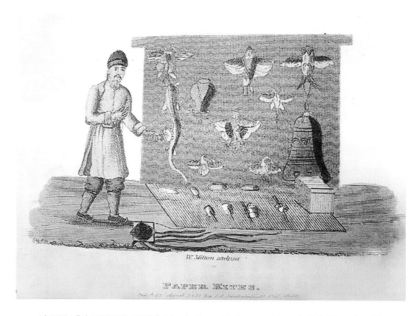

布列东《中国服饰与艺术》Howlett and Brimmer 1824 年版插图：卖风筝

第七章　领事馆汉学

一、外交界的汉学风气

16、17 世纪，做汉学研究的西方人，几乎是清一色的传教士。到了 18 世纪，汉学总算登堂入室，进入欧洲高等学府，但唱主角的还是传教士群体。至 19 世纪，汉学的面貌才有了稍许改变，因为驻华的西方外交官及供职于清廷的洋员，也开始纷纷著书研究中国各领域。开始时，外交官及洋员们的研究，主要为材料收集及情况汇报，为传教士群体不齿，讥为"领事馆汉学"。但他们并不以公文写作为满足，许多人深入研究，争相出书，一时也人才辈出。

开外交人员研究中国之先河的，自然是英国的马戛尔尼使团。有《英使谒见乾隆纪实》等一批著作在前，后来的驻华外交官及大清政府里的洋员们，自然要效仿。著书研究中国的西方官员，随便可举出的，便有德庇时（John Francis Davis, 1795—1890）、麦多士（Thomas Taylor Meadows, 1815—1868）、李太郭（George Tradescant Lay, 1800—1845）、威妥玛（Sir Thomas Francis Wade, 1818—1895）、麦华陀（Walter Henry Medhurst, 1823—1885）、丁韪良（William Alexander Parsons Martin, 1827—1916）、梅辉立（William Frederick Mayers, 1831—1878）、宓吉（Michie

Alexamder, 1833—1902）、赫德（Rober Hart, 1835—1911）、道格拉斯（Robert Kennaway Douglas, 1838—1913）、何天爵（Chester Holcombe, 1844—1912）、翟理斯（H.A.Giles, 1845—1939）、庄延龄（Edward Harper Parker , 1849—1926）、霍普金斯（Lionel Charles Hopkins, 1854—1952）、马士（Hosea Ballou Morse, 1855—1934）、卫三畏（Samuel Wells Williams, 1857—1928）、骆任廷（Sir James Haldane Stewart Lockhart, 1858—1937）、礼密臣（James Wheeler Davidson,1872—1933）、庄士敦（Sir Reginald Fleming Johnston, 1874—1938）、辛博森（Bertram Lenox Simpson,1877—1930）等。其中许多人，是先以传教士身份来华，后来加入外交官或洋员行列，具有双重身份。

对领事馆汉学家的成就，辜鸿铭是以抹杀为主的。但威妥玛和翟理斯等创造并完善了汉语的拉丁化标音法，编撰华英词典，梳理中国历史，翻译中国典籍，无论从何种角度看，学术成就不见得在辜氏之下。

领事馆汉学家的著作，成就不论，其原文的头版书，包括编著及译著，常有收藏价值。比如，梅辉立编的《中华帝国与列强条约汇编》头版（William Frederick Mayers,editor, Treaties Between the Empire of China and Foreign Powers,Together With the Conduct of Foreign Trade,&c.,&c.,&c.Shanghai,J. Broadhurst Tootal 1877），目前市价为 1300 美元。又如，别发洋行 1910 年出版的马士著三卷本《中华帝国对外关系史》（Hosea Ballou Morse , The International Relations of the Chinese Empire. I. The Period of Conflict, 1834—1860; II. The Period of Submission, 1861—1893; III. The Period of Subjection, 1894—1911. [THREE VOLUMES].）也可值到 1900 美元。

二、外交界汉学家及其著作

德庇时及其著作

德庇时生平

　　德庇时（Sir John Francis Davis，1795—1890）常被视为领事馆汉学家的先驱。他生于 1795 年，毕业于牛津大学赫特福德学院，18 岁时被东印度公司派往广州分行任书记员。在广州时，他的语言天赋充分显露，短短三年便掌握了汉语。他因喜好中国文学，在公司任职期间以翻译中国文字为乐，成为公司里的"中国通"，受到特别器重。而在这期间，他

德庇时画像

最热衷的，应该是中国的格言和谚语，因为他的中英对照格言词典《贤文书》，便是广州期间的产物。

　　1816 年，阿美士德勋爵（Lord Amherst）率英国使团往北京谒见嘉庆皇帝，他被选为随员同往。后因中英在礼仪方面的歧见，谒见未成，德庇时便重回广州的工厂。1832 年，他被委任为东印度公司广州特别委员会总裁，中国人俗称"大班"，主理公司在华贸易业务。

　　1833 年，英国终止了东印度公司对华贸易之专利权，新设立驻华商务总监，

改向政府负责，德庇时于是成了东印度公司在华的末任大班。随后，首任驻华商务总监律劳卑勋爵于 1834 年委任德庇时为副总监。不久，律劳卑擅闯广州，触发"律劳卑事件"，同年 10 月 11 日病逝澳门。于是驻华商务总监一职由德庇时接替。由于他在对华贸易政策上的看法与英商冲突，饱受种种压力，上任仅百余日，便在 1835 年 1 月宣布辞职，返回英格兰。

1844 年，德庇时被任命为香港殖民地第二任总督兼驻军总司令。他在香港总督任上待了四年，至 1848 年离任。

德庇时在港督任内以疯狂抽税闻名，为了达到收支平衡，德庇时除了以卖地作为政府收入外，又大肆征税，税项可谓名目繁多。他除了通过订立《土地登记条例》《公众法饮肆及售酒领照营业条例》《售盐鸦片当押业拍卖商营业牌照条例》等条例，对土地、烟草、酒精、拍卖品、婚姻和墓碑等征收税款外，更在 1845 年向妓女收取"妓捐"。

另外，德庇时又曾在 1844 年 8 月通过订立《人口登记法例》，设置总登记官（Registrar General）和总登记官署（1913 年改称"安抚华民政务司署"），对全岛进行首次人口普查和户口登记，结果录得全岛人口共 23988 人。于是，他无论华洋，一律开征人头税，引致大批华人搬离香港岛，随后各界停工罢市，人头税方才暂缓执行。德庇时之重税政策招致香港民怨沸腾，无论华裔居民还是英国商家，个个对他恨之入骨。他对待下属态度粗暴，因此也不讨周边人喜欢。而不少人更联名去信伦敦投诉，成为他下台的一大导火线。

为讨好在香港的英资，德庇时任内开始定期举行赛马活动，他本人亦曾表示愿意捐出 200 元，设立一个"公使杯"，作为在赛事中胜出马匹的奖金，不过因为英商马主们的杯葛，没有马匹参赛，"公使杯"被迫取消。由此可知，德庇时任内声望之差。以上种种，使德庇时后来被媒体冠以史上最不受欢迎港督之名。

德庇时与首席按察司约翰·休姆（John Hulme）间的不和是他下台的直接原因。据记载，休姆有次于某个在船上举行的舞会醉酒闹事，德庇时遂以此为由，通过行政局辞退休姆。休姆被辞退后返回英国，向伦敦政府投诉。由于休姆在伦敦有具分量的人支持，结果德庇时的决定遭伦敦当局推翻，并促使他在 1848 年 3 月 18 日辞去总督一职，3 月 21 日离开香港。

德庇时为官不良，于学术方面却颇有建树。他是英国驻华外交官中的第一个汉学权威，1823 年就出版了《贤文书》。1836 年，他出版了两卷本的《中华帝国及其居民概论》，后于 1857 年出了修订版，篇幅从 900 页扩大到 980 页，仍为两卷本。晚年，他隐居英国布里斯特尔，潜心中国历史文化的研究，于 1876 年获英国牛津大学荣誉博士学位。他一生还有《中国杂记》《中国诗歌论》《中国见闻录》《交战时期及媾和以来的中国》等著作问世，并译有《中国小说选译》《好逑传》《汉宫秋》等。

一般认为，德庇时对中国文学的西传起到相当作用，但对他的中文水平，辜鸿铭表示了严重怀疑。1883 年 10 月 31 日，辜氏在上海的英文《字林西报》发表《中国学》一文，其中提道："德庇时爵士对中国人真的一无所知，他自己也够诚实地承认了这一点。他肯定会讲官话并能够不太困难地阅读以那种方言写成的小说。但是像他当时所掌握的那点中国知识，到现今怕是难以胜任任何一个领事馆的翻译职务。"但辜鸿铭承认了德庇时的著作在英国人中的影响力："然而值得注意的是，直到今天，仍能发现绝大多数英国佬对于中国人的看法，是受到他关于中国著作的影响。"（辜鸿铭著，黄兴涛、宋小庆译：《中国人的精神》，海南出版社，2006）

德庇时 1890 年去世，终年 95 岁，是最长寿的一位港督。

《贤文书》

（John Francis Davis , Hien Wun Shoo. Chinese Moral Maxims, With a Free and Verbal Translation, Affording Examples of the Grammatical Structure of the Language. London & Macao, 1823）

《贤文书》是一本中英文对照的道德箴言及谚语词典，所收格言谚语，或来自中国远古典籍，或来自历代文学作品，或来自民间流传。比如"上品之人不教而善，中品之人教而后善，下品之人教而不善"。"一树之果有酸有甜，一母之子有愚有贤。""遇急思亲戚，临危托故人。""贤人多财则损其智，小人多财则益其过。""勿以恶小而为之，勿以善小而不为。""从善如登，从恶如崩。""温柔终益己，强暴必遭灾。""屏风虽破，骨骼犹存。君子虽贫，礼仪常在。"等等。

《贤文书》的排版方式独特，中文格言以竖排方式印在页面中间，顶上是整句话的英文翻译，右边以英文逐字译出相对应的汉字，左边为每个汉字的罗马注音。

此书是他业余研究的成果。书的出版时间为 1823 年，但据他在序言中说，其实 1818 年已经脱稿。那一年，是他随阿美士德勋爵赴京返穗后的第二年，在东印度公司还是普通职员一个。传言都说德庇时热爱中华文化、语言天赋高超，从此书看，并非虚传。若非天才，一个 23 岁的青年，刚到中国短短五年，如何仅靠自学，便掌握艰深的中国文言文，更编写出一本汉英格言词典来？他不仅自己对中文着迷，还想通过自己的努力，惠及旁人。所以，他在序言中还说，他编写此书的首要目的，是为学习中文者提供帮助。

德庇时对中文的迷恋，相信也受到小斯当东的强烈影响。小斯当东即多马·斯当东爵士。他 12 岁时，便随父亲老斯当东一起，参加了马戛尔尼爵士谒见乾隆的使团。任务完成后，老斯当东返英，却将 12 岁的儿子留在中国，学习中国语言文化。因为北京之行，使英国痛感汉语文人才之匮乏，觉得已对英国海外大业构成威胁。1798 年，小斯当东被提名进入英国东印度公司广州分行任书记员，1804 年升为货物管理员，1808 年担任翻译，1816 年出任大班。

德庇时刚到广州时的职位，正是当年小斯当东的位置，而后者此时已成了他的最大上司。经长年在华学习生活，小斯当东早已是彻头彻尾的中国通，成了英国在华的第一汉语专家。可以想见，面对这样一个上司，德庇时学中文不仅有动力，也有压力。估计他天资聪颖，进步神速，让小斯当东印象深刻。因此，当小斯当东以副使的身份参加阿美士德勋爵使团去谒见嘉庆皇帝时，才会选德庇时为随员。

德庇时对小斯当东的提携充满感激，因此，特将《贤文书》敬献给小斯当东，印在书的扉页上。相信两人一直保持亲密关系。

另外，德庇时年纪轻轻，便倾力编写此书，朋辈的影响也不可忽略。他的同事中，便有大名鼎鼎的汉学家、伦敦布道会的传教士马礼逊。马礼逊在广州时，因境遇凄惨，1809 年被东印度公司广州分行录为汉文翻译。至德庇时 1813 年加入该公司时，马礼逊的工龄已有了四年左右，算是德庇时的前辈。1815 年，马礼逊在东印度公司帮助下，出版了《汉语语法》（A grammar of the Chinese language），后又陆续出版了《华英字典》（A dictionary of the Chinese language）一至六卷和《广方言词汇集》（A vocabulary of the Can-ton dialect）。德庇时在《中国杂记》第四章中谈到此段往事时说，他曾参与了《华英字典》的通稿审校，觉得受益匪浅。

可以想见，《贤文书》的编写与出版，多少是受了马礼逊的触动与启发。同时，此书也是对马礼逊工作的补充。虽然马礼逊已继英国人瑞帕（M. Raper）之后，推动了中英文对照字典的起步，而格言、成语类的中外文对照词典此时尚未出现，因此，《贤文书》是一部空前的著作。此书出版近 50 年后，这一类的著作才大量涌现，如 1869 年法国童文献的《中国谚语》（Paul Hubert Perny, Proverbes chinois, re cueillis et mi sen ordre,1869）、1875 年威廉·斯卡伯勒的《中国格言集》（William Scarborough, A Collection Of Chinese Prov-erbs, rev. C. Wilfred Allan, 1875）、1886 年明恩溥的《汉语中的谚语和俗语》（Authur Henderson Smith, Proverbs and Common Sayins from the Chinese）等。

据《贤文书》序言说，书稿完成后，即被送回伦敦的豪斯图书馆，经维京思博士建议，书稿又被运回中国，后经全体董事决议，将该书在东印度公司的澳门印刷厂付印出版。之所以如此折腾，是因为书中有大量中文，只有在澳门印刷方才可行，因为东印度公司在那里有完善的中文印刷设备。因此，此书从完稿到出版拖了五年。

市场实例

瑞士斯德哥尔摩的一家古旧书行目前有一册《贤文书》在售，1823 年版，由东印度公司自己的印刷厂印刷，在伦敦和澳门同时出版。该书保持了原始的蓝色布面精装，正文共 199 页，封面有些松脱。此外，内外均保持完好。该册的售价为 1570 美元。

《中华帝国及其居民概论》

（John Francis Davis , The Chinese, A General Description Of The Empire Of China And Its Inhabitants, In Two Volumes, Knight, London: First Edition, 1836）

本书是德庇时的代表作，首版于 1836 年，以后屡屡再版，至 1857 年又出了修订版。

首版本既见到过皮面精装本，也见到布面精装本。本书展示的插图，为一套皮面精装的《中华帝国及其居民概论》。

该书分上下两册，上册含引言一篇，正文十章，计为：第一章　与欧洲的早期交往；第二章　与英国的交往；第三章　与英国的交往（续）；第四章　中国地理概述；第五章　中国历史概述；第六章　政府与律例；第七章　品德与行为；第八章　礼貌与习俗；第九章　行为与习惯；第十章　城市篇—北京。下册有正文十一章，计为：
第十一章　城市篇—南京和广州；第十二
章　宗教篇—儒教；第十三章　宗教篇—
佛教；第十四章　宗教篇—道教；第十五
章　语言与文学；第十六章　文学（续）；
第十七章　艺术与发明；第十八章　科
学；第十九章　自然历史与出产；第二十
章　农业与统计；第二十一章　商业。

　　该书插图丰富，上册有插图 27 幅，下
册有插图 28 幅。

市场实例

　　目前，伦敦一古旧书行有一套布面精
装的《中华帝国及其居民概论》在售，为
伦敦 Knight 公司 1836 年出版的第一版，
上下两册，分别为 420 页及 480 页，含全
部木刻插图。该书的封面为布面精装，原
为绿色，已褪色，呈棕色样。书脊有烫金
图案及文字。整套书保存完美，品相一流，
目前的开价是 900 美元。

德庇时《中华帝国及其居民概论》
首版，分上下两册。

德庇时《中华帝国及其居民概论》首版插图：乾隆皇帝像

德庇时《中华帝国及其居民概论》首版插图

德庇时《中华帝国及其居民概论》首版插图

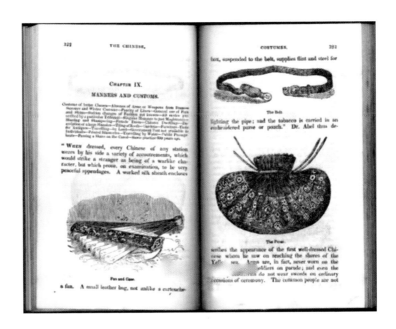

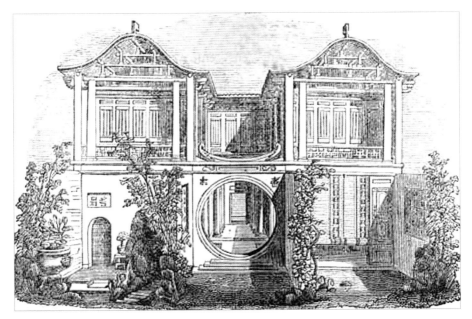

德庇时《中华帝国及其居民概论》首版插图

德庇时《中华帝国及其居民概论》首版插图

德庇时《中华帝国及其居民概论》首版插图

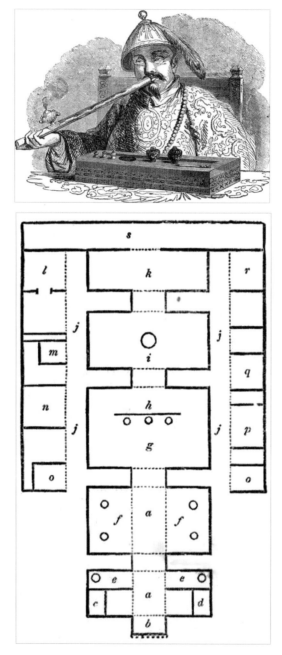

德庇时《中华帝国及其居民概论》首版插图

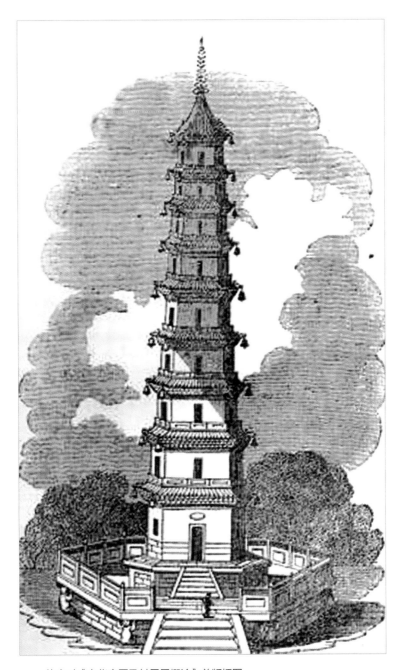

德庇时《中华帝国及其居民概论》首版插图

德庇时《中华帝国及其居民概论》首版插图

李太郭及其著作

李太郭生平

在中英关系史上，李太郭（George Tradescant Lay, 1800—1845）一人独占了三个第一：英国首任驻广州领事、首任驻福州领事及首任驻厦门领事。此外，李太郭还"父以子贵"，常以大清首任总税务司李泰国之父的身份，被史家提及。

李太郭早年只是剑桥一家庭教师而已。但他多才多艺，懂拉丁语、希腊语和希伯来语，学过医，参与过音乐百科全书的编辑，又爱地理学及植物学。1825—1828 年，他以自然科学家的身份，参加了英国探险家 Beechy 的考察队，作环太平洋地区的考察，第一次进入中国沿海一带。随后，他被英国圣书公会（British & Foreign Bible Society）推为东亚代理人，于 1836—1839 年获派往澳门学习中文。《中国人写实》一书，便是他从澳门回国后出版的。此书一出，他的才华及汉语能力引起了英国官方的注意，遂于 1841 年被任命为英国赴华特使璞查鼎的翻译。1843 年，他获任英国驻广州领事馆的首任领事。1844 年 7 月，调任驻福州领事。1845 年 4 月，再调任驻厦门领事。同年 11 月，他因"胆汁热"或"水土热"死于任上，终年 45 岁。

福建布政使徐继畲在《瀛环志略》中，至少有三次提到李太郭，总是尊称其为"英官李太郭"，而不用当时官场通行的蔑称"英酋"。徐氏在清朝官员中属于开明派，对西方文明兴趣强烈，在李太郭任福州领事时，常前往讨教希腊、罗马文明及现代地理知识。而李太郭则对中国传统生活方式竭尽赞美，让徐继畲觉得，李太郭简直有点做不来西方人了。与李太郭有过从的中国人，但凡思想较开明的，都承认他是个上流绅士，为人及学养都令人钦佩。后来，为英国驻福州领事馆选址一事，英中双方曾大起争执，徐继畲和李太郭代表双方出面处理，尽管各事其主，徐氏仍觉得李太郭的态度是谦和谅解的。

　　李太郭的三个儿子，后来都在中国当领事，其中最著名的，是清朝首任总税务司李泰国（Horatio Nelson Lay,1832—1898）。李太郭生前一直召唤儿子前来中国，但李泰国是在父亲死后两年，才被送来中国的，时年15岁。来华后，他师从大名鼎鼎的汉学家郭实腊（Karl Friedrich August Gützlaff）学习中文，不久，即因汉语流利，被选入上海的英国领事馆工作。1854年，他22岁时，便升任上海领事馆的代理副领事。同年，他参与了中国海关的创建，次年开始担任实际负责人。咸丰十年十二月（1861年1月），他被总理衙门正式任命为总税务司，当时30岁不到。第二次鸦片战争时，李泰国担任英国对华全权专使额尔金（Elgin）的翻译，参与了中英《天津条约》的谈判。1862年，清廷见李秀成太平军接连攻克杭州、宁波等江南重镇，终于痛下决心，要购买英国兵船，组织新式舰队镇压，遂隆重函请总税务司李泰国具体承办购船事宜，可见清廷对李泰国的信任。但李泰国显然与乃父李太郭的做派有别，或许是少年得志，容易膨胀。他花中国钱买来中国舰队，却擅自挑选了英国海军上校阿思本为舰队司令，把舰队命名为"英中联合舰队"，舰队全由英国官兵操纵，军舰的命名与军旗的制订也由他一手包办，且规定舰队不接受任何中国官员的命令，只可听他本人指挥，或由他转达的中国皇帝之命令。清廷上下见巨款购来的舰队完全不受控制，自然拒绝接受。此事便不了了之。事后，李泰国的总税务司一职，便由赫德取代。他于1864年辞去英国外交官职务，回英国从事金融生意去了。

　　有一种传说是，清朝海军名将吕纬堂曾被李太郭收为养子，并送往英国留学。吕纬堂是福建同安人，幼年生活在厦门。但据学者推算，李太郭调任厦门时，吕纬堂只有七岁。两人固然有结为主仆的可能，但所谓收养及资助出洋等细节，目前并无档案资料可资佐证。吕纬堂在英国学成后，正赶上洋务运动，便加入清朝海军，曾担任靖海、长胜、福星、安澜、济安、伏波等战舰的管带，累任副将、总兵等职，"屡为沈（葆桢）、左（宗棠）、杨（岐珍）、李（成谋）诸公所器重"。后来，吕纬堂因在马尾海战及威海海战中败绩，仕途受挫。他死后被清政府追封为"振威将军"。

《中国人写实》

（George Tradescant Lay，THE CHINESE AS THEY ARE: THEIR MORAL, SOCIAL, AND LITERARY CHARACTER; A NEW ANALYSIS OF THE LANGUAGE; WITH SUCCINCT VIEWS OF THEIR PRINCIPAL ARTS AND SCIENCES. WILLIAM BALL & CO., LONDON. 1841）

李太郭的《中国人写实》一书出版于 1841 年，出版社是伦敦的 WILLIAM BALL & CO.。此书共 342 页，内有大量木刻插图。此书是文集，每章论述的主题各异，既论及鸦片战争，又讲到民风民俗、哲学宗教、音乐文学，以个人感受观察为主。本书成书时，李太郭对中国的涉略有限。对中国的论述，并未突破前辈汉学家水平，仍在罗致中国的表象，又缺乏系统与偏重，不免蜻蜓点水。倘使他不是英年早逝，再多做几年驻华外交官，以他的质素和对中国的情感，应可写出扎实深厚的文章来。

《中国人写实》的第一版既出过半蒙皮精装本，也出过布面精装本。本书展示

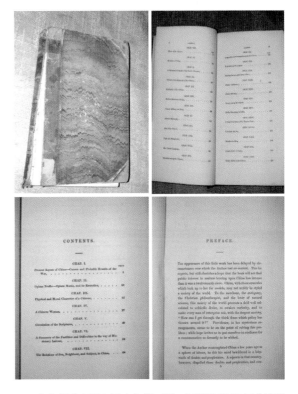

李太郭《中国人写实》第一版，出版于 1841 年（清道光二十一年），当前售价 1048 美元。

The Emperor of China delivering the Seals of Office to his Commissioner.

李太郭《中国人写实》第一版封二

的是该书的蒙皮精装本，书脊部分为真皮，封面主要部分为大理石纹硬纸板，尺寸为长 8 英寸，宽 5 英寸。该书因品相残破，市价只值 400 美元左右。倘若品相完好的话，当可轻易值到 1000 美元以上的高价。瑞典某古旧书商另有一本该书的第一版在售，为红色的布面精装本，品相完好，要价 1048 美元，可资参考。

丁韪良及其著作

清末民初，但凡西方人写中国，必提丁韪良（William Alexander Parsons Martin，1827—1916）的大名。当时来北京的美国人，去西山拜访丁韪良，是必不可少的功课。他以在华的不凡经历，成了西方中国通的象征。许多有志于在华谋求功名的西人，也以丁韪良、赫德及蒲安臣为奋斗的榜样。

丁韪良出身美国传教士，来华后除传教外，当过外交翻译。后来，他

丁韪良照片

辞去神职，专事教育，当过北京崇实馆的校长、京师同文馆总教习，最后荣任京师大学堂的西学总教习。京师同文馆是当时的官办翻译学堂，而总教习即相当于教务长。至于京师大学堂则是当时的官办大学，也是北京大学的前身。因此，归根溯源，西学总教习丁韪良与中学总教习许景澄同为北大的首任教务长。丁韪良在中国前后 62 年（中间缺席 4 年），直至 89 岁时老死北京。单此一项，

在华西人中，除后来的卜舫济外，就无人堪与比肩。他著译等身，育人无数，还被光绪皇帝赐予二品顶戴。无论从哪个角度讲，他都值得大书特书。

丁韪良字冠西，1827 年出生于美国印第安纳州的一个牧师家庭，父及兄弟皆为牧师。1850 年，丁韪良从美国北长老会神学校毕业后，志愿参加海外传教使团，被派往中国宁波，一住便是十年。在宁波期间，除宣道工作外，他迅速掌握了官话、文言文，遍读中文典籍。他在宁波期间的一系列的讲道，后来被编成《天道溯原》。自 1854 年至 1912 年，该书再版达三四十次之多，并译成日文和朝鲜文。

第二次鸦片战争时期，丁韪良任美国公使列维廉的翻译，并参与起草《中美天津条约》，与任额尔金翻译的李泰国是同行。《中美天津条约》第二十九条，即所谓的宗教容忍条款，就是丁韪良与卫三畏（Samuel Wells Williams）两位传教士悉心斟酌的结果。

同治元年（1862），丁韪良一度回国，不久复来华，在上海短住一年后，于 1863 年搬到北京。从此之后，除了几次暂离之外，他在北京一直待到终老。甫一抵京，丁韪良便着手翻译美国人惠顿的《万国公法》。译成后，经美国驻华外交官蒲安臣（Anson Burlingame）引介，将其上呈清廷。恰巧 1864 年，普鲁士在中国领海内，截获丹麦商船，发生争执，总理衙门援引《万国公法》中有关则例，据理力争，终使普鲁士将所截获船只移交中国。该书由是受到恭亲王等人的赏识，由总理衙门拨专款付印出版，颁发各省督抚官员备用。

随后，丁韪良创办了北京崇实中学（北京二十一中学的前身），并在1865—1885 年任该校校长。1865 年起，他还兼任同文馆教习，教英文及国际公法。1869 年，他获海关总税务司赫德力荐，出任京师同文馆总教习，并辞去了美国北长老会的神职。从此，他由美国传教士，摇身一变为清政府的高级洋员。

丁韪良任同文馆总教习长达 25 年（1869—1894）。初时，学生人数约四五十人。到 1886 年，已增至 125 人。其间，举凡课表的制订与实施，对教习的监督与稽查，各项定期考试的执行，以及统筹编译教材等，都在他的权责之下。他亲自编纂了《格物入门》《增订格物入门》《格物测算》，最早将力学、水学、气学、火学、电学、化学、测算举隅等教科书引入中国。同文馆之设立，最初只是清廷应外交需要，训练翻译人员，后来目标逐渐提升，成为培育国家人才的基地。仅在清末民初的外交界，同文馆的毕业生中，担任出使大臣或驻外公使的就有七位。

光绪十一年（1885），丁韪良得三品官衔。1898 年京师大学堂成立时，他被光绪帝钦点为西学总教习，授二品。开学之际，他率一干西人教习，向孔子鞠躬致意。此举使丁韪良遭到基督教人士批判，被视为神的叛徒。但此举也使他融入中国更深，成为中国早期现代教育的顶梁柱。

自 1872 年起，丁韪良开始出版杂志《中西闻见录》。这份杂志设有天文、地理、物理、化学、医学及各国近事等栏目，图文并茂，使讲解的知识更为生动直观。这份杂志对中国向现代化转变，起到催化作用。《中西闻见录》到1875 年停刊时，共印刷了 36 期。1877 年，丁韪良把杂志上的文章加以筛选，编选成四卷本的《中西闻见选编》。

1916 年 12 月 17 日，丁韪良下厨时去世，终年 89 岁。他与妻子同葬于西直门外的一块墓地。

丁韪良除译介西方的基督教、自然科学、国际法方面著作外，还著有《花甲忆记》《北京之围》《中国人对抗世界》《中国人之觉醒》《地理书》等书。

《地理书》

（Martin, William Alexander Parsons, Di li shü lin ven-koh kwu-kying z-tì yiu-tin kong-tsing. Nyingpo: s.n. [Mission Press], 1852. ）

丁韪良著译浩繁，但大多不具收藏价值。而《地理书》作为最值得收藏的一种，

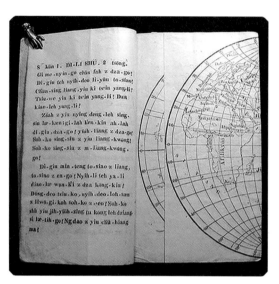

丁韪良《地理书》第一册中的世界地图。该书于 1852 年（清咸丰二年）在中国宁波出版。第一册的当前售价为 1875 美元。

却因流传滞涩，几乎无人知晓，海内外图书馆和博物馆也罕有收藏，可说是形同湮没了。

此书是儿童读物，目的是向宁波儿童传授世界地理知识。这本书的不寻常处，在于它采用的文字，既非英文，又非中文，而是丁韪良自创的拉丁化宁波方言。

丁韪良夫妇初来中国的首站便是宁波。1842 年的《南京条约》开放宁波为五个通商口岸之一，也是美国长老会在中国的第一个传教区，由麦嘉缔医生（Dr. Divie B. McCartee）在 1844 年建立。丁韪良来时，教区已粗具规模，不但有教堂，还有学校与印刷设备。来华时，丁韪良 23 岁，已经掌握了拉丁语、希腊语和希伯来语等西方古典语言。一到宁波，他便要求不住城外的传教团驻地，而是单独住进城里，以便融入当地中国人社区。丁韪良极具语言天分，很快可以用流利的宁波话讲道。听众反应热烈，离去时常赞叹"听道比看戏还有趣"。

宁波期间，丁韪良独创了一套宁波方言的拉丁拼音法，以此向当地人施教圣经及传播各种知识。《地理书》便是这场文字实验的成果之一。

《地理书》原为一套四册。据古旧书业人士周详勘查后发现，目前海外只有哈佛大学图书馆藏有此书的第二册及第三册。此外，再无其他图书馆或博物馆证实藏有此书。而私人藏家中是否有人藏有此书全套，也是高度存疑的。本书介绍的，是美国费城一家古旧书商的藏品，为该书中的第一册。该书显然是

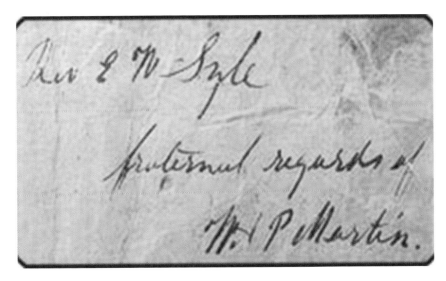

丁韪良《地理书》第一册中致塞利牧师的题词

宁波长老会印刷厂的产品，以宣纸单面印刷折合装订，为中西合璧的形制。书名页有一木刻画，画中一个老师站在地球仪后面，三名学生凝神听讲。除书名页有中文外，全书以丁氏拼音法书写。正文除文字外，还有三幅折页木刻地图，其中一幅为中国地图，两幅为世界地图。此外，另有一幅折页木刻画，画中为一列火车、一艘明轮轮船及一座英国饭堂。

　　费城书商的《地理书》版本为丁韪良的签名敬赠本，上面有丁韪良手书的Rev. E. W. Syle / fraternal regards of / Wm. P. Martin. 意为"塞利牧师惠存，同修丁韪良敬赠"。塞利牧师是在中日两国推行盲人教育的先驱。

　　此书开价 1875 美元。虽然只是四册中的第一册，但因有丁韪良亲笔签名，且品相上佳，是绝对物超所值的。《地理书》是中国早期西式儿童科学教育及中文拉丁化的罕有物证，若一套四册收齐，将是无价之宝。

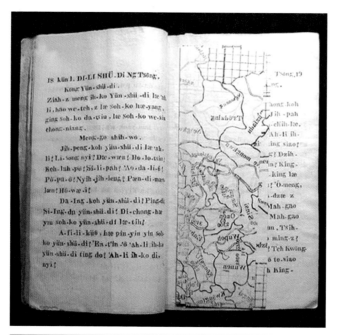

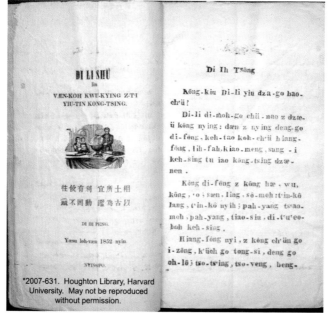

丁韪良《地理书》第一册内页

翟理斯及其著作

翟理斯生平

遭辜鸿铭痛砭的汉学家中，首当其冲的是翟理斯（Herbert A. Giles，1845—1935）。辜鸿铭不遗余力攻击翟理斯，反过来可证明翟理斯在清末民初学界的影响之大。

翟理斯与威妥玛一样，是领事馆汉学家的典型。他出身书香门第，就读伦敦查特豪斯公学。1867 年，22 岁的翟理斯到中国，先任英国驻华公使馆的翻译，又历任英国驻汕头、厦门、宁波、上海等地英领馆领事。他在中国生活了 24 个年头，全身心投入汉学研究，著作等身，返英时，已经顶着大汉学家的光环。他于 1897 年全票当选剑桥大学第二任汉学教授，坐上首任教授威妥玛（Sir Thomas Francis Wade, 1818—1895）逝世后空出的位置，一坐便是 35 年。

翟理斯之首要贡献，是改进了威妥玛创立的拼音法，以英语读音来标读汉语，为当时的中国及世界普遍采用，并成为汉语拉丁化的标准拼写方式，称为威妥玛－翟理斯拼音法。由于英语已取代法语，成为国际汉学界的通用语言，这一拼音系统的创立，便显得尤其重要。其实，威妥玛－翟理斯的标音虽然使英语人口能轻易读

翟理斯一家在中国居所中合影

出中文，但发音与原文相去甚远，反让中国人不懂，比如将北京拼为 Peking 等。但在现代汉语拼音推广之前，威氏拼音法盛行了近百年，早已深入人心，以至于中国政府在对商标进行整顿规范时，为顾及一些老字号数十年积累的商誉，准许维持原有的威氏拼写方法，如中华香烟（CHUNGHWA）及青岛啤酒（TSINGTAO BEER）等均属此例。

翟理斯的成就，远不止于改进威妥玛拼音法。他的学术成果，一为通史类著作，如《中国文明》、《中国文学史》、《中国绘画史简介》（An Introduction to the History of Chinese Pictorial Art）等。其中《中国文学史》一书影响较广，鲁迅《中国小说史略》便曾提及；二为辞书类著作，如《华英字典》、《中国名人谱》（A Chinese Biographical Dictionary. 1898）收入人名2579条。他毕生致力于介绍中华文明，大量选译中国文学作品，如《中文选珍》、《红楼梦》（摘要本）、《英译汉诗》、《庄子》、《聊斋志异》（选译本）。他根据聊斋《莲花公主》改写了一部芭蕾舞剧《蜜蜂》，1916 在欧洲上演，颇为轰动。他还一译再译了《佛国记》（1877、1923），1905 年写《中国绘画艺术概要》，1911 年编《古今图书集成索引》。厦门大学第一任校长兼国学院院长林文庆在 1929 年完成《离骚》的英译时，他和印度著名诗人泰戈尔（R. Tagore）作了序。他还著有《嶽山笔记》（1914）、《儒家及其竞争者》（1915）等，并对《论语》《孟子》《老子》《庄子》等思想经典作了部分翻译。他和他的儿子对《庄子》都很有兴趣，各有自己的《庄子》节译本。1957 年，英国出版了他用 38 年时间编成的《大英博物馆藏敦煌汉文写本目录》。

辜鸿铭认为，翟氏固然著书繁多，但缺乏哲学家的洞察力，甚至缺乏普通常识。能翻译中国的句子，却不能理解阐释中国的思想，造成他那本《华英字典》材料组织安排无能，不像字典，只是词语句子的堆砌而已。辜鸿铭又说，翟氏的《中国名人谱》缺乏最起码的评判力，将古代圣贤与神话传说中的人物混为一谈。他在谈及翟理斯出版的各类笔记时攻击说："它给人的印象就仿佛是翟理斯博士不厌其烦地写这些书，原本并不想告诉世人关于中国人和他们的文学之任何东西，而只不过是向世人炫耀一下：我翟理斯博士是个多么渊博的汉学家，我知道的关于中国的东西，比别的任何人多要多得多哩。此外，在这里，翟理斯博士和在别的场合一样，总表现出一种缺乏哲学头脑，与一个学者不相称的令人不快的粗率和武断。正是由于这些特点，像翟理斯博士之流的汉学家，恰如霍普金斯先生所说过的那样，在实际居住于远东的外国人中，落下了名不副实的笑柄，并遭到了被视为傻瓜的奚落。"（见《一个大汉学家》，辜鸿铭著，黄兴涛、宋小庆译：《中国人的精神》，海南出版社，2007）

　　以辜鸿铭的性格，无名小卒是绝不会让他兴奋的。他的行为有时像失控的斗犬，对批评中华文明者，他奋起怒骂；对推崇介绍中华文明者，他照样奋起怒骂。

《中国历史及其他概述》

　　（Herbert A. Giles, Historic China And Other Sketches, Thos. De La Rue & Co., London, 1882）

　　翟理斯留下的著作中，以此书最为稀罕。此书与他的另一本书《中国人概述》（Chinese Sketches）名字近似，却并非同一本书，不可混淆。《中国人概述》一书出版于 1876 年，成书时，翟理斯在中国生活了 8 年。而《中国历史及其他概述》出版于 1882 年，成书时，翟氏在中国生活了 14 年，对中国的看法也更为成熟深刻。

　　英国人对中国持一种较全面的态度，既不会践踏中国的文明，也绝不讳言中国的丑陋。《中国历史及其他概述》之主题，与翟理斯的其他著作不同，较多揭露中国之丑陋。"司法概述"一章通过实际案例，对清朝司法体制作了剖析。据他观察，县太爷在断案时，为让证人开口，动不动是要刑罚伺候的。屈打成招是司空见惯的现象。经办人员还频频往庙宇和坟地祭拜，求冥冥之中的鬼魂相助，破解真相。在"本朝刑法"一章，他则以文字形式，再现了梅森少校在《中国刑罚》一书展示的一系列中国式的酷刑。此处不再赘述。此外，作者笔触所及，还包括喝人血、写血书、缠脚、吞金等中国特色。本书各章节的重点，均是在讲述神鬼崇拜及迷信无知对中国人之重要，并以方方面面的实例，加以证明。看了这本书，读者自会觉得，中华民族实在是无可救药的一群。这恰恰是那个年代，中国人在西方人眼里的标准形象。

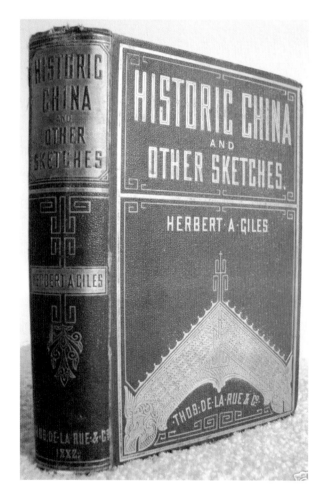

翟里斯《中国历史及其他概述》第一版，出版于1882年（清光绪八年），当前售价在300美元以上。

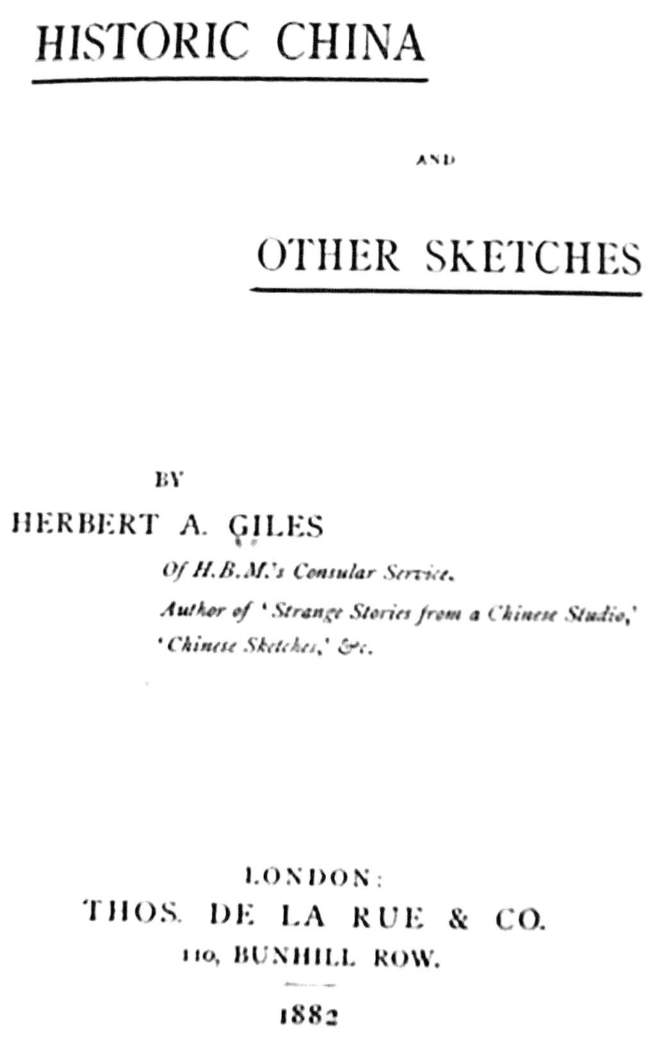

HISTORIC CHINA

AND

OTHER SKETCHES

BY

HERBERT A. GILES

Of H.B.M.'s Consular Service.

Author of 'Strange Stories from a Chinese Studio,'
'Chinese Sketches,' &c.

LONDON:

THOS. DE LA RUE & CO.

110, BUNHILL ROW.

1882

翟里斯《中国历史及其他概述》第一版标题页

334 WEI-CH'I, OR THE CHINESE GAME OF WAR.

As is not uncommonly the case on matters Chinese, the profoundest possible ignorance prevails amongst Europeans resident in China with regard to this wonderful game. We shall venture to begin with our own. Up to the end of 1874 we had frequently alluded to it in conversation with educated Chinese, and had always found them loud in its praises. At the same time it was freely declared to be far too difficult for foreigners to learn. Nor was any insult thereby intended to the members of that mighty Western fraternity which had produced steamers, sewing-machines, and the telegraph. If anything, it was meant that the sole means of communication being the Chinese language, too great difficulty would be experienced by the *teacher* in making the intricacies of the game sufficiently clear to the learner. For, inasmuch as only educated men know Wei-ch'i, and no educated man can speak a word of English, the alternative would be a Pidgin-English-speaking servant, and then it would be necessary first to make him understand the principles he was undertaking to explain. Supposing, however, even that to be accomplished, and a knowledge of the hidden mysteries of Wei-ch'i to be actually infused into the dull brain of one innocent of all acquaintanceship with the thirteen classics. Then we can well imagine him entering upon his functions as interpreter in some such glittering phraseology as this: "Wei-ch'i belong allo same two piecee man makee fightum; wantchee stealum he compound." Altogether, we had long accepted the dictum that no foreigner could learn Wei-ch'i without an infinite

WEI-CH'I, OR THE CHINESE GAME OF WAR. 335

deal of labour, and must have unconsciously adopted the opinion that it probably was not worth the effort. In 1875 we casually alluded to Wei-ch'i in a volume of miscellaneous sketches of Chinese life and character as 'a game played with 360 black and white pips on a board containing 361 squares;' also as being 'very difficult and known only to the few.' The '361 squares' is an error, as will shortly be explained, which strangely

392 FREEMASONRY IN CHINA.

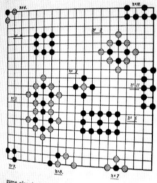

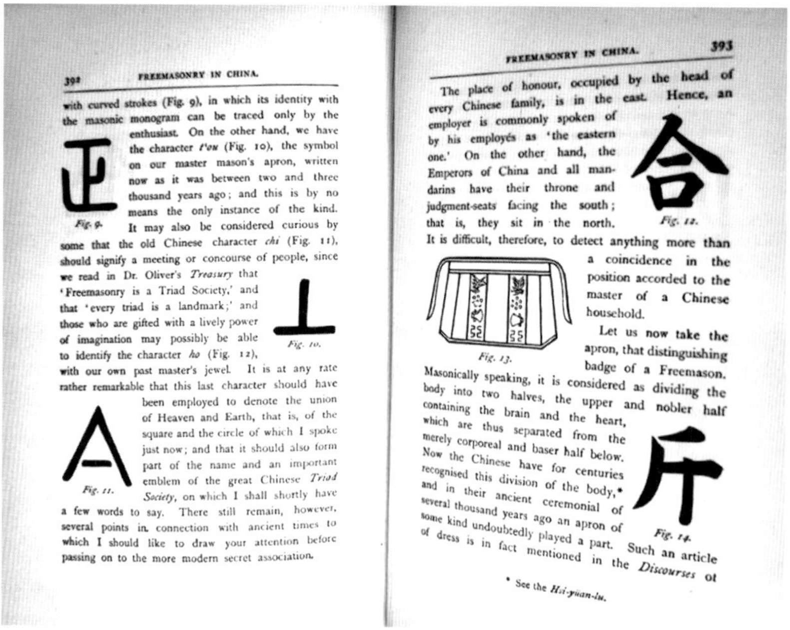

with curved strokes (Fig. 9), in which its identity with the masonic monogram can be traced only by the enthusiast. On the other hand, we have the character *t'ou* (Fig. 10), the symbol on our master mason's apron, written now as it was between two and three thousand years ago; and this is by no means the only instance of the kind. It may also be considered curious by some that the old Chinese character *chi* (Fig. 11), should signify a meeting or concourse of people, since we read in Dr. Oliver's *Treasury* that 'Freemasonry is a Triad Society,' and that 'every triad is a landmark;' and those who are gifted with a lively power of imagination may possibly be able to identify the character *ho* (Fig. 12), with our own past master's jewel. It is at any rate rather remarkable that this last character should have been employed to denote the union of Heaven and Earth, that is, of the square and the circle of which I spoke just now; and that it should also form part of the name and an important emblem of the great Chinese *Triad Society*, on which I shall shortly have a few words to say. There still remain, however, several points in connection with ancient times to which I should like to draw your attention before passing on to the more modern secret association.

Fig. 9.

Fig. 10.

Fig. 11.

FREEMASONRY IN CHINA. 393

The place of honour, occupied by the head of every Chinese family, is in the east. Hence, an employer is commonly spoken of by his employés as 'the eastern one.' On the other hand, the Emperors of China and all mandarins have their throne and judgment-seats facing the south; that is, they sit in the north. It is difficult, therefore, to detect anything more than a coincidence in the position accorded to the master of a Chinese household.

Fig. 12.

Fig. 13.

Let us now take the apron, that distinguishing badge of a Freemason. Masonically speaking, it is considered as dividing the body into two halves, the upper and nobler half containing the brain and the heart, which are thus separated from the merely corporeal and baser half below. Now the Chinese have for centuries recognised this division of the body,* and in their ancient ceremonial of several thousand years ago an apron of some kind undoubtedly played a part. Such an article of dress is in fact mentioned in the *Discourses* of

Fig. 14.

* See the *Hsi-yüan-lu*.

翟里斯《中国历史及其他概述》第一版内文

本书展示的《中国历史及其他概述》为 1882 年的第一版，藏青色封面，大量烫金，书脊底部印有出版年份"1882"字样，封面尺寸为长 7 英寸，宽 5 英寸。书内共 405 页，有原主人签字一款，纸张干净如新，含大量插图，书后附有出版商的广告页。此书曾于 2008 年 3 月在 Ebay 网上成交，因其稀罕性未获充分认识，成交价仅为 293 美元，拍得者属于捡漏。按笔者的估计，此书应值 1000 美元以上。

宓吉及其著作

宓吉（Alexander Michie, 1833—1902）并非领事官，但他于 1883 年起任李鸿章的外交顾问，也算是清政府的洋员。再者，宓吉与英国驻华外交界关系密切，其主要著作《阿礼国传》的传主又是英国驻华公使，因此将他归入领事馆汉学家，似无不妥。

宓吉，英国人。他于咸丰三年（1853）来华，在上海经商。同治三年（1864）牛庄开埠，宓吉是第一个赴该埠居住的英国人。光绪九年（1883），宓吉迁居天津，任伦敦《泰晤士报》驻华通讯员，兼任天津英文《时报》（The Chinese Time）编辑，并充任李鸿章外交顾问，活跃于外交场合。光绪二十年（1894）十月二十五日，宓吉奉李鸿章之命随天津海关税务司德璀琳赴日本接洽和议，日本因德璀琳非全权大臣、非中国官员而拒绝接见，无功而返。

宓吉被视为英国的亲华派。他在华近 50 年，周旋于清廷上层，与王公贵族、资政督抚混得烂熟，说一口流利汉语，主张西方人都学汉语。

宓吉一生著作极丰，绝大多数与中国有关，如《从北京到彼得堡的西伯利亚路》（The Siberian Overland Route from Peking to Petersburg, through the deserts and steppes of Mongolia, Tartary, etc.）、《在华传教士》（Missionaries in China）、《中国与基督教》（China and Christianity）、《中国危机》（The Crisis in China. Her Foreign Relation with Britain, Russia, etc. With map）等。这些书的头版，大多价值不菲，而他的代表作，当数《阿礼国传》。

《阿礼国传》

（Michie, Alexander, The Englishman In China During The Victorian Era: As As Illustrated in the Career of Sir Rutherford Alcock, K.C.B D.C.L. Many Years Consul & Minister in China & Japan. BIOGRAPHY OF A BRIT-ISH DIPLOMAT IN 19th CTY. CHINA & JAPAN London 1900）

传主阿礼国（Sir Rutherford Alcock, 1809—1897）是英国在远东区的英雄。对中国人来说，他却是"英国侵略者的代表"。

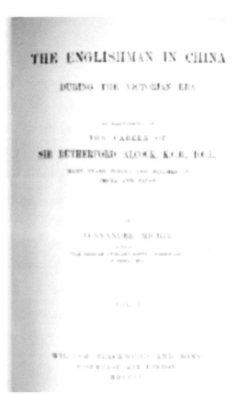

宓吉《阿礼国传》第一版，出版于 1900 年（清光绪二十六年），当前售价 2000 美元以上。

阿礼国于 1836 年加入英国海军陆战队任军医，因表现卓著，逐步升至军医院的副总院长，1837 年退役。1844 年被任为福州领事，赴任途中曾留在厦门担任领事数月，与李太郭共事，翌年始到福州，其间经历了李太郭的因病亡故。他因在福建表现出色，便于 1846 年被升调至英国驻上海领事馆。上海期间是阿礼国在华的事业高峰，他将上海一手打造成英国在华的最大商业中心，也使中国从此有了一个世界级的大都会。与此相对的是，日后的亚洲强国日本此时还在蒙昧中，尚未开放。

阿礼国因处处展示出才华，深获伦敦赏识，遂于 1858 年被任命为驻日本公使，翌年又升任特命全权公使。当时，日本人与中国人一样，仇洋排外，驻日的西方外交官身陷险境，举步维艰。1860 年，阿礼国的日籍译员在公使馆大门口被杀。次年，日本浪人又成群攻击公使馆，被阿礼国率使馆员工击退。此事发生后，阿礼国便返英休整。1864 年，他再回日本，住了一年后，在 1865 年被委任为英国驻北京公使，重返中国，直至 1871 年退休。阿礼国退出公职后，仍活跃于民间，曾任皇家地理学会主席等职。他两度结婚，第一任夫人死于 1853 年，第二任夫人晚他两年辞世。

阿礼国本人著作也丰。奇怪的是，他曾在上海大大辉煌过，但观其所写，大部分都是研究日本的，居然无一册专讲中国。他关于日本的著作中，最为重要的，当数《太君之都》（Sir Rutherford Alcock, The Capital of the Tycoon: A Narrative of a Three Years' Residence in Japan, Longman, Roberts & Green, London, 1863），其次便是《日本的艺术及艺术行业》（Alcock, Rutherford , Art And Art Industries In Japan, London, 1878）。两书都是研究日本的珍籍，备受后世推崇。

阿礼国在华活动累计 20 多年，被中国历史学家指责为大玩炮舰外交，干涉领事报关制，庇护外商走私漏税，创立领事代征制，掠夺江海关行政权，并大肆破坏中国对租界的领土主权，行为具有侵略性。

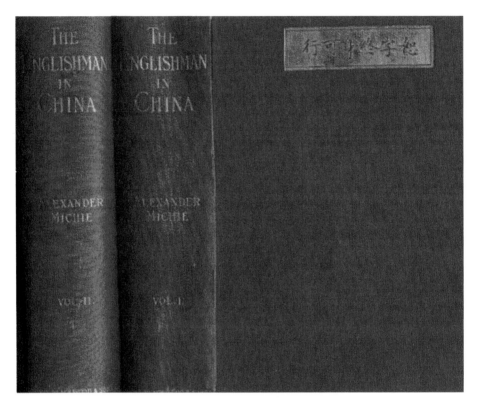

宓吉《阿礼国传》第一版分上下两册

　　宓吉的《阿礼国传》首版于 1900 年，分上下两册，为红色布面装帧，上册共 442 页，下册共 510 页，内有 30 幅插图，6 幅地图，书末附索引和附录。上册主要讲述阿礼国在中国的活动，下册则着重于他在日本、韩国和中国台湾的活动。此书讲述了阿礼国早年的军医生涯及首次来华情况，并以阿礼国的职业活动为主线，讲述了中国新开各通商口岸的情况、青浦事件、中国海关的创立、《南京条约》签署后的中英贸易局面、早期英国驻华公使馆形态、传教士遇到的问题、1870 年的天津教案、日俄冲突、马嘉理案、额尔金使团、西藏问题等，不一而足，内容异常丰富，对研究早期中英关系，具重要参考价值。《阿礼国传》的头版目前已极罕有，只要品相完好，价值都在 2000 美元以上。本书展示的一套《阿礼国传》，目前在美国加州一家古旧书店出售，开价 2043 美元。该书店另有一套同样的书在售，开价 2635 美元。

第八章　宏大的东方场景

1842 年，银版摄影术已经成熟，但将摄影作品大规模制版印刷的技术，还在摸索中。这时，英国出版了一本中国内容的图集，其中每一幅画，对细节真实的再现，可媲美照相，而场景的宏阔与震撼，则是远非照相可及。这本图集中的所有画作，都出自英国画家阿罗姆之手。他早就是欧洲地貌画的名家，这本图集，只是为他锦上添花而已。

阿罗姆生平

阿罗姆（Thomas Allom, 1804—1872）生于英国伦敦南部的 Lambeth，父亲是马车夫。1819 年起，他在建筑师古德温（Francis Goodwin）的事务所当学徒，一直工作至 1826 年。随后他入皇家学院学习建筑设计。入行后，他成了英国的顶尖设计师之一，他设计的大量教堂、图书馆、贫民习艺所等建筑，至今仍矗立在伦敦、利物浦等地。

阿罗姆是当时历史主义建筑学派的一员，这些人通过广泛旅行，大量绘制地貌画（topographical drawings）来研究古往今来的建筑艺术形式。对阿罗姆而言，绘画原不过是职业精进的手段，没想手段演进成目的，他也由单一的建

阿罗姆《中华帝国图景》第一版插图：官员家中的亭台楼阁

筑师，进化为建筑师兼画家的两栖人。而绘画才能的突飞猛进，反而使阿罗姆的建筑设计才华相形见绌。他之所以青史留名，主要也是因为他的画作，而非他的建筑设计。

从 1820 年开始，阿罗姆便广泛旅行，足迹遍及全英和欧洲大陆。这时，他已开始大量绘制地貌画，主要用作各种旅行书籍的插图。"地貌画"的概念今日已罕用。其实若以当今视角看，阿罗姆的作品都是典型的风景画或场景画，以风光和建筑为表现的主体，人物反倒次要了。

1834 年，他走出了欧洲，去到了土耳其，然后在叙利亚、巴勒斯坦行走，作画数百幅，并于 1838 年出版了《君士坦丁堡暨小亚细亚七个教堂的风光》

（Constantinople and the Scenery of the Seven Churches of Asia Minor），为上、下两册。此外，里夫所作的《土耳其与意大利的人物及装束》（Emily Reeve, Character and Costume in Turkey and Italy, London, 1840），也大量采用了阿罗姆的画作。

中东之行结束后，阿罗姆便奔赴远东的中国。对当时的欧洲人而言，中国只是商人、教士和士兵的目的地，赴华的建筑师屈指可数，阿罗姆是其中之一。中国之行让阿罗姆发现了宝库，对一个欧洲人来说，中国的绘画元素之丰富，实在超乎想象，让他亢奋不已。他下笔如有神，创作的佳作无数。回国后，便出版了《古老中华帝国的风光、建筑及社会习俗图景》（《中华帝国图景》）一书。

作为著名建筑师，阿罗姆还参与创立了英国皇家建筑师协会。他因心脏一直不佳，自 1860 年后，便难以远行了，绘画及建筑设计的工作，也均告放缓。他于 1872 年过世，享年 68 岁。

《中华帝国图景》

（Thomas Allom & George Newenham Wright, China, in a series of Views, Displaying the Scenery, Architecture, and Social Habits of that Ancient Empire, London, 1842）

该书由伦敦的 Fisher & Son 公司首版于 1842 年，共含 128 幅钢板雕刻的阿罗姆作品。该书由赖特牧师（1790—1877）撰写图片说明，并对中国历史作了简明介绍，主要论及中英关系及 1840 年的第一次鸦片战争。阿罗姆的画作气派恢宏，总体格调类似一幅幅巨大的舞台布景，无论是山水还是建筑，氛围都似人间仙境。他对光影的强调，更加深了画面的剧场效果。由于阿罗姆对细节近乎执着，这些画作，完全具备了历史文档的价值。这些画作的钢板雕刻由不同的雕工完成，工艺精湛，堪称完美无缺。

阿罗姆《中华帝国图景》第一版插图：瓜洲水车

阿罗姆《中华帝国图景》第一版插图：官府女眷玩牌

阿罗姆《中华帝国图景》第一版插图：鸦片鬼

阿罗姆《中华帝国图景》第一版插图：看西洋镜

阿罗姆《中华帝国图景》第一版插图：孔庙大门

阿罗姆《中华帝国图景》第一版插图：卖猫和卖茶的商贩

阿罗姆《中华帝国图景》Fisher & Son 公司第
一版，出版于 1843 年（清道光二十三年），四册中
缺第四册，当前售价 2950 美元。

　　通过画面对比，可看出阿罗姆受前人亚历山大影响不小。但他后来居上，
在气魄、场面、细节和氛围方面，把亚历山大比了下去。不过，他的浪漫情怀，
使他对现实美化过度。而希腊、罗马传统的影响，又使他偏爱崇高静穆，使中
国的场景染上太多欧洲古典色彩，粗略一看，总以为画的不是中国。

　　该书在英国出版过三次。第一次由 Fisher & Son 公司于 1842 年出版，第
二次由 Peter Jackson 公司于 1845 年出版，第三次由 The London Printing &
Publishing 公司于 1859 年出版。虽然出版商不同，但采用的钢板雕版，是完全
同样的一套，乃是由第一家公司卖给第二家，再由第二家转卖给第三家。这三

家公司的版本中，Peter Jackson 公司的版本存世最少，而 The London Print-
ing & Publishing 公司的版本中，则添入了一些其他画家的作品。

市场实例

1. Fisher & Son 公司第一版 1843 年印刷

该公司的版本，目前的市场价都在 2000—4000 美元。

目前，该书有一套在伦敦出售。全书共分四册，外部尺寸为长 26 厘米，
宽 22 厘米。四个书题页各带一幅阿罗姆画作，内中再收 124 幅阿罗姆的素
描或水彩作品，全部为钢板雕版印刷。因此，全书四册共收阿罗姆所画中国
图景 128 幅。书后带索引。封面为现代重做的，半为绿色的摩洛哥皮，半为
仿大理石纸板，书脊有烫金的文字与图饰，书页三面边角烫金。该书的插图棉
护纸有轻微墨污，封面、封底的纸板有轻微磨损，此外一切完好，品相八成以上。

该书目前售价为 2556 美元。

美国佛罗里达 Odessa 也有同样一套在售，但缺少第四册，因此，只有 75
幅钢板雕刻的插图。每册的封面均为原装，但全都松散，书脊受损，书页普遍
有污渍。

该书的开价为 2950 美元。

2. Peter Jackson 公司 1853 年版

该公司的版本为一本本的小册子，从 1853 年开始出版，至 1855 年出齐，
共出了 46 册。每册含钢板雕刻的阿罗姆画作 4 幅，全套共含插图 184 幅，其
中带插图的书名页 5 幅、独立插图 179 幅。

因作品中增添了一些红海及喜马拉雅山的图画，故丛书名为 China,
its Scenery, Architecture, Social Habits, Etc Illustrated. Together with
Hindostan, The Shores of the Red Sea and The Himalaya Mountains。该丛
书的所有插图都有棉护纸，其中四幅插图有水渍，一幅底部有撕口。46 册中，

阿罗姆《中华帝国图景》Peter Jackson 公司第一版，出版于 1853 年（清咸丰三年），全套
46 册，当前售价 2442 美元。

只有少量痕迹及皱折，所有封面均为原装的纸质封面，绿底印字。

该丛书目前有一套在英国约克郡出售，46 册齐，售价 2442 美元。

3. London Printing & Publishing 公司的 1859 年第一版

该公司的版本，将书名改为 The Chinese Empire Illustrated: Being a Se-
ries of Views From Original Sketches, Displaying The Scenery, Architec-
ture, Social Habits, & C., of That Ancient and Exclusive Nation。

目前，该书有一套在美国加利福尼亚州 Fresno 出售，封面为现代重做的布
面精装，外部尺寸为长 12 英寸，宽 9.75 英寸。内页有一些黄斑，此外一切保
存完好。该书是在伦敦及纽约同时出版的，将原首版的四册合并为两册，上册

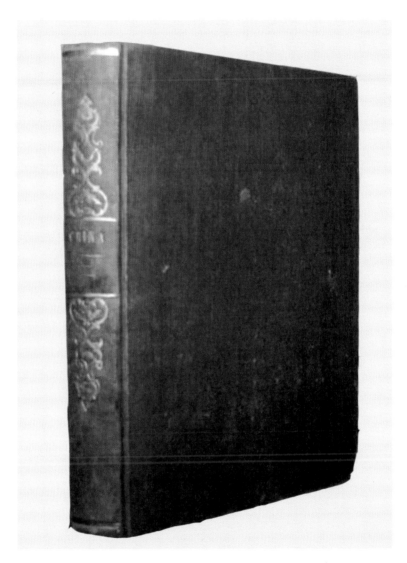

阿罗姆《中华帝国图景》德文第一版，出版于 1843 年（清道光二十三年），
当前售价 1900 美元。

共有 184 页文字，下册共 140 页文字，120 多幅全页插图另算。所有插图均有
英文说明，并附字体较小的法文及德文译文。下册后面附有折页插图。

该书的开价为 3500 美元。

德国版

（China historisch, romantisch,malerisch, Karlsruhe, Kunst-Verlag,
1843—1844）

该书出版后，迅速被翻译成欧洲其他文字。比如，德国就在 1843 年出版了
该书的德文版。德文版的《中华帝国图景》以文字为主，共 351 页，但只用了
35 幅插图。所有插图同样采用阿罗姆的画作，但所用的钢板，为德国人另行刻制，
因此，该书便有了独立存在的价值。

市场实例

德文版的《中华帝国图景》第一版，目前的市场价为 400—2500 美元。该
书目前有一册在德国汉堡出售，为 1843 年的德国第一版，现代重做的封面，
书脊略有褪色，只有一幅插图有斑迹。其他一切完好，许多书页尚未切开。

该书售价为 1900 美元。

阿罗姆《中华帝国图景》德文第一版标题页

阿罗姆《中华帝国图景》德文第一版插图

阿罗姆《中华帝国图景》德文第一版插图

第九章　八国联军中的华勇营

一、华勇营之由来

说到八国联军，一般人便想起洋人。其实，八国联军的部队构成复杂，有西方士兵、亚裔的日军、亚洲殖民地部队，包括印度兵、安南兵、香港及新加坡的华人士兵，还有在中国就地招募的华籍士兵。而本地华兵中，德军的华勇连及英军的华勇营最成规模，影响也大（清代地方临时招募、不在平时编制之内的兵卒，称为"勇"）。

英军的华勇营原是用来驻守威海卫英租界的。威海卫位于今山东半岛东北端威海市，原为滨海渔村，明朝洪武三十一年（1398），为防倭寇袭扰设卫，称威海卫。甲午战争后，西方列强开始在华争抢租借地，划分势力范围。1898年3月，英国政府指示驻华公使窦纳乐（Claude Maxwell MacDonald）设法租借威海卫，却遭清政府拒绝，理由是威海卫尚在日军占领之下。窦纳乐随即威胁说，若不从，唯有将事情交由英驻华海军司令办理。清政府见又有兵端，哪敢不从，被迫于4月3日同意其租借要求。1898年7月1日，中英《租威海卫专条》在北京签字。因此，中国一直称威海卫的租借为"强租"。

威海卫租借成功，便成为英国的远东海军基地，但英军却陷入陆防空虚的

威海卫英军中国团档案照片，该团俗称"华勇营"。

　　尴尬。当时，英帝国的殖民地遍布全球，部队被摊薄，到了无兵可调的地步，遂决定照搬在印度的经验，招募威海本地人、组建雇佣军，担负威海卫的防务。英国人的意思一经表示，清政府就强烈反对。但英国人辩称道，这是一支警察部队，维护治安而已，并不用于租借地以外的军事行动。清政府也无可奈何。

　　1898 年 11 月，英国陆军部先从香港和上海招募译员、号手等专业军士，然后开始在威海卫正式组建英军中国团（Chinese Regiment），即中国人所谓的"华勇营"（Regiment 若采直译的话，实在是"团"而非"营"）。因中国人有好男不当兵的传统，招募艰难。英国人随即发动"高饷"攻势，将招募对象由当地农民转向了清军的退役官兵，成效立时凸显。这些退役军人比农民善战，体能和纪律性亦更强，且无家庭牵累，随时能为金钱卖命。

因英国部队军饷高，军官廉洁，服役的华勇便有了自豪感，与一般清兵不可同日而语，因此在社会上产生吸引力，本地人纷纷加入。到 1900 年 5 月，华勇营人数已达 600 多人，兵士年龄均在 23—25 岁。该部队编制齐全，设置长枪连、机枪连、炮队和骑兵队，以及乐队、译员、卫生队。该团由包耳上校（Colonel Bower）任团长，尉级以上军官均从英国正规军中调任，全团配置精良装备，清一色的马丁尼·亨利式来复枪，甚至还有当时最先进的马克西姆机枪，这在当时的西方正规军中，亦未能成建制装备，可见英国对该支雇佣军期许之高。

这批精选出来的士兵，平均身高五英尺七英寸、胸围三十五英寸，在当时被蔑称为"东亚病夫"的华人中，算是强健的一群。带兵英官评论他们"坚忍、耐心、聪明"，是"十分优秀的行军者和挑夫"，能"吃很少而走很远"。华勇营士兵均签约三年，同意被派往全球各地执行任务。士兵们每天训练达四五个小时，军事素质迅速提升，六百码射击成绩尤为优越。

华勇营成立后，历经鏖战，为英国立功，部队也不断壮大。至 1901 年庚子事件结束后，全团已扩展至 12 个连，共 1200 人。

1902 年，英国陆军挑选了 12 名华勇营官兵，到英国参加英王爱德华七世的加冕典礼。英王向华勇营官兵颁发了勋章，以表彰他们在与义和团斗争中的"牺牲"，是为英国历史上首次为中国人颁发的"军事勋章"。

同年，因英日缔结同盟条约，两国在远东的对抗暂时缓解，英国决定裁撤华勇营。1906 年 6 月，成立 8 年的华勇营正式解散，部分士兵转往南非、香港当警察，部分士兵留在当地充任巡捕或加入中国军队。加入香港警队的华勇营士兵，其警员号码均以英文字母 D 开始，被通称为"山东汉"。至今，威海卫还存有当年华勇营的旧址。

华勇营成军后，镇压了威海当地的抗英活动，又作为英军主力参与了八国联军对华作战，战力强大，军事表现出色。但在当时及以后的中国人看来，华勇营士兵身为中国人，却加入侵略军，又对同胞作战，已可列入汉奸阵营。他们之存在，自然被视为中国人的耻辱。因此，中国档案材料对这段历史表述极少。笔者查阅威海市政协科教文史委员会编写的《英国租占威海卫三十二年》一书（1998 年出版）后发现，尽管全书对威海卫租借历史的描述不厌其详，大量论及英军镇压当地人反抗斗争事迹，却无一字提及华勇营，全以"英军"一词含糊带过，这也折射国人对待历史的特殊心态。华勇营的历史未遭湮没，不仅仅是因为英国军史档案记录齐全，更重要的原因，是英军军官巴恩斯（Arthur Barnes）出版了一本重要的回忆录《华勇营出军志》，保存了该团在 1900 年 3 月至 10 月间所有活动的细节。

二、巴恩斯与《华勇营出军志》

巴恩斯生平

　　本书作者巴恩斯（Arthur Alison Stuart Barnes，1867—1937）出生于印度克什米尔。1885—1886 年在皇家陆军学院学习，毕业后授中尉衔，分派到维尔特郡团（Wiltshire Regiment）第二连，一直在印度和缅甸服役，并于 1895 年升任上尉。1898 年，英国租借威海卫后，他被陆军选派来华，协助组建威海卫的中国团（华勇营）。在华期间，他随该团镇压威海卫民众的起义，参与了天津解围。1900 年，他率领该团的一个分遣队开往北京，参与了攻陷北京之战。他因"战斗勇敢"，获得"中国勋章"。1906 年，他被升为少校，并调任上海万国商团司令，任职时间长达七年。一战爆发后，巴恩斯被调回欧洲参战，获多种嘉奖。1937 年，他在英国去世。

　　巴恩斯一生结过两次婚，头一次是 1905 年在山东芝罘（今烟台）的圣安德鲁教堂与 Marguerite Weatherston 小姐成亲。次年，她不幸死于难产。巴

巴恩斯 1886 年摄于英国皇家陆军学院，毕业时获授中尉衔。

恩斯后来再婚，新妻是 Jeannie Prentice。

巴恩斯在华勇营服役期间，写下了大量日记，后以日记内容为基础，编撰成书，于 1902 年出版。巴恩斯的书，对华勇营赞不绝口。他在"引言"中说："对中国团的坏话很多，但说话的人对情况一无所知，因此，本人不得不如实记录该团 1900 年在华北执行任务时艰苦奋战的实际经过，以正视听，并使大家认识到，尽管华勇营刚刚组建，又是在异国军官的指挥下，为了异国的事业，而与同胞、皇上及官兵开战，但就他们自身而言，已经最出色地完成了自己的任务，不应再到处散布他们的坏话。"

《华勇营出军志》

（Arthur Alison Stuart Barnes,On Active Service with The Chinese Regiment: A Record of The Operation of The First Chinese Regiment in North China from March to October 1900. Grant Richards,London,1902）

《华勇营出军志》分为威海卫出现的麻烦、天津周边的战斗、天津陷落之后、开往北京、其他战役、保卫交通线路等八个部分，共三十三章。

据书中记载，华勇营成立后，先被用来镇压当地的抗英斗争。英国强租威海卫后，当地民众时有

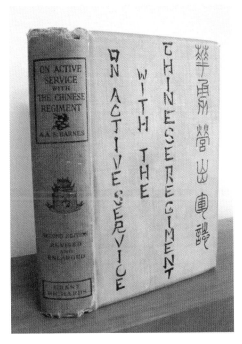

巴恩斯的《华勇营出军志》第二版，出版于 1902 年（光绪二十八年），当前售价 300 美元。

反抗，常常举行两三千人的聚会，焚香竖旗，收集武器，意在驱赶英国人。1900 年 3 月 26 日，华勇营事先获得情报，得知有抗英集会。包耳上校便率华勇营 420 人首次出击，武装驱散了一次抗英集会，并逮捕了三人，收缴了各种土制武器。而据中国方面的历史记载，该次集会在姜南庄村，由崔寿山等组织。而集会的情报，是华勇营士兵卧底获得的。

随后，在 1900 年 5 月 5 日，英国勘测划界小组受到当地民众围攻，英国皇家工程兵少校潘若思（Penrose）等人及护卫队受袭，包耳上校又率华勇营两个连出击。此次冲突中，英方多人受伤，华勇营毫不犹豫地向同胞开枪，打死中国村民二十多人。巴恩斯称，这是华勇营第一次"浴血"。

同日，留守在道头村的华勇营第四连被三千多村民包围。此时，一个当地老汉、华勇营一名士兵的父亲，用扁担担着全部家当，跑到华勇营的阵地上，对自己儿子和其他士兵说，成千上万的当地人决心要扫平这里，赶快逃跑吧。老汉的儿子却告诉父亲：即使这里会打仗，他也要留下。

第四连还有名士兵，其父随当地民众进攻华勇营营地，被华勇营打死，他还是"坚守岗位"，留在了部队中。

第七连有两名士兵被当地村民抓住，派一个小孩看管他们。在他们的央求下，那孩子将他们放了。他们却并不逃跑，而是设法捕获了该村村长，带回部队交给英军军官。

威海卫英国行政长官道华德在写给英国驻华公使窦纳乐的信中则称："在 5 月 5 日、6 日的两次攻击事件中，华勇营表现得非常出色，我们为他们的英勇行为感到钦佩。"

英国陆军部战史记载，这两天的流血冲突后，当地农民迁怒于参与勘界的中国专员李希杰等人，将他们扣押。山东巡抚（袁世凯）遂向英国专员道华德求救，亦是华勇营派兵，在英国海军陆战队协同下，进行了成功解救。

华勇营与同胞的对抗，激怒了当地人。华勇营不少士兵的家属都受到了恐吓，

ON ACTIVE SERVICE WITH
THE CHINESE REGIMENT
A RECORD OF THE OPERATIONS OF THE
FIRST CHINESE REGIMENT IN NORTH
CHINA FROM MARCH TO OCTOBER
1900. BY CAPTAIN A. A. S. BARNES

巴恩斯的《华勇营出军志》第二版标题页，照片为华勇营纪念碑。

士兵们要求英方在必要时需给其家庭提供庇护，但华勇营军心依然稳定。

巴恩斯的书中，这类事例比比皆是。

义和团运动爆发后，华勇营被正式纳入英军建制，并换上了英国陆军军装。1900 年 6 月 22 日，华勇营 192 名士兵和 10 名军官乘坐英舰"奥兰多"号，于凌晨五时抵达天津大沽口。此前一天，以印度兵为主的香港皇家炮兵和以华勇及印度普什图兵为主的香港团已到达，共有 382 人。可见，八国联军中的英军，因兵力捉襟见肘，出动的都是殖民地部队。其中，威海卫华勇营、香港团中的华勇和新加坡团中的华勇们，更是构成了英军的重要力量。

6 月 24 日中午，英军香港团和威海卫华勇营各出两个连，护送海军提供的

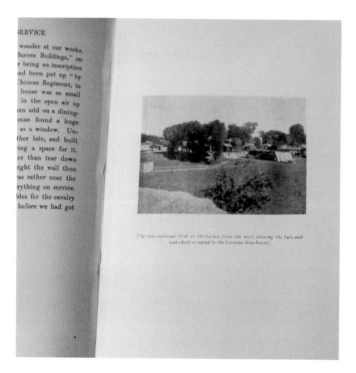

巴恩斯的《华勇营出军志》第二版照片

十二寸口径大炮及弹药增援联军。道路泥泞，华勇营承担了"苦力"工作，负责拖曳大炮，并安放在僧格林沁 40 年前为抵挡英法联军而修建的壕墙上。当他们冒着弹雨进入法租界时，受到了联军守军的欢迎。6 月 27 日，华勇营协助俄军对清军驻守的东局子军火库发动攻击。在十二寸大炮狂轰下，弹药库被引爆，天空出现了几百米高的蘑菇云。随后，德国租界的一些商铺发生火灾，华勇营又两度受命灭火。

　　7 月初，华勇营和香港团的主要任务是清剿渗透到租界附近的清军及义和团狙击手。在一次战斗中，香港团受到清军炮火的猛烈压制，二死三伤，在华勇营紧急增援后才得以脱身。随后，华勇营新驻地受到清军猛烈的针对性炮击，布鲁斯少校（Major Bruce）带队携炮出击，但不敌清军炮火，布鲁斯少校头部和肝脏中弹，华勇营另有两死五伤，协同作战的英国水兵也有五人重伤。

7月9日，联军发起了一次大规模攻击，由1000名日军、950名英军、400名俄军和200名美国海军陆战队员参加。是役，直隶提督聂士成中弹身亡。华勇营的任务是护卫和协同香港炮兵，向西局军火库(海光寺军火库)发起炮击。在他们的掩护下，日军迅速攻占清军阵地。转移阵地时，华勇营必须拖拽笨重的大炮穿过被清军火力覆盖的小桥，一不小心大炮就会滑落桥下。桥上缓慢移动的华勇营受到了清军猛烈射击，驻守壕墙上的美国海军陆战队则进行了还击，压制了清军火力。事后，美军军官在答复华勇营感谢信时说，只要是女王陛下的军队，不管什么肤色，美军都把他们看作亲密的战友。

过河后，酷暑和体力透支摧垮了香港炮兵中的印度士兵，只有华勇营还继续拖拽大炮向预定阵地集结。他们的表现，获英军司令的高度评价。

7月14日，华勇营协同日军敢死队，终于攻破天津城墙。巴恩斯写道，华勇营"是参加最后攻击并占领天津城的唯一英军代表，非常光荣"。

占领天津后，华勇营奉命为北京远征军征集船只。他们的种族优势得到充分发挥，居然征到了将近一百条大船和船工。巴恩斯说，华勇营对当地百姓礼敬有加，赢得了民心，不少人愿意为这支英军而不是其他"洋鬼子"提供服务。

8月4日下午二时，联军向北京开进，华勇营抽调了一百人护送香港和新加坡皇家炮兵部队。次日，华勇营和香港炮兵协同日军进行北塘战役。由于日军推进过于迅速，英军的炮火不少都落在了日军队伍中。

如此一路攻击前进，到8月15日晨，华勇营终于开进了前门。在自己的首都，华勇营进行的最后一场战斗是将大炮拖上城墙，协同美军攻击紫禁城，得到美军的欢呼。

攻占北京后，华勇营的任务主要是在英占区站岗放哨，干回了警察部队的本行。8 月 28 日，华勇营各连选派代表参加八国联军在紫禁城内举行的大阅兵，在受阅的英军队列中，香港军团与华勇营最后出场。

紫禁城阅兵后，华勇营便根据联军的统一部署，分别进驻京畿的几处军事要地。

华勇营在驻守的河西务镇，恢复了一个农贸集市，允许当地人在此摆摊，销售鸡蛋、家禽、水果、蔬菜和杂货等。这个市场成为战后最先恢复之处，天气好的时候，摊位能有两大排，聚集 500 人以上进行交易。巴恩斯写到，在战争的恐怖气氛下，中国人之所以敢于来此，在于他们见到是华勇营看守，便将此地认作"自己人"的地盘。

对这个市场，华勇营绝不容其他军队插手。有几次，德国兵从摊点上白拿梨子或葡萄，华勇营便出手干预，德国人只好乖乖付钱。醉酒闹事的日本士兵也被华勇营惩戒过两次，日军军官两次都登门道歉。华勇营在河西务镇的表现，吸引了当地百姓的关注。十多英里外，另一个镇子也派了个"庞大的代表团"，请求将自己的镇子纳入华勇营的保护范围。

收割时节，华勇营得到指令，尽力劝说躲藏在外的河西务镇农民回家收割庄稼，以应对可能出现的饥荒，并答应保护当地人，免受他们最害怕的俄军的侵害，但在华勇营控制范围之外，俄军照样杀戮无辜百姓，大大影响了"劝农"的效果。

同样的，驻守在通州的华勇营第五连，也和当地民众"打成一片"，甚至有村庄主动要求华勇营派兵长驻，以防止频繁的土匪骚扰和劫掠。

因为在天津战役中的"勇敢善战"，英国陆军部特别以天津城门为图案，为华勇营设计了军徽，镶嵌在帽子和衣领上；并在威海卫树立了一块刻有 23 名阵亡官兵姓名的纪念碑。

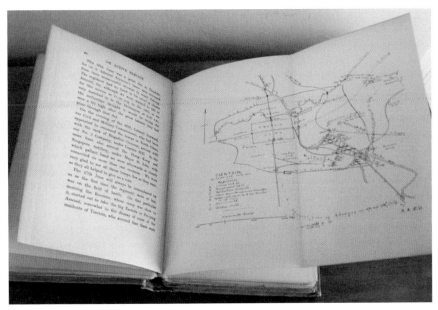

巴恩斯的《华勇营出军志》第二版内页

市场实例

本书展示的，是《华勇营出军志》的第二版，1902 年伦敦 Grant Richards 出版，封面尺寸为长 7.25 英寸，宽 5.125 英寸，共 282 页，书后附四个附录，书页顶部烫金。全书共含十一幅照片，其中一幅为李鸿章乘舟前往北京时的照片，为巴恩斯所摄，颇有价值。书中另含三幅地图。该书封面只有轻度磨损，边缘处小损，书脊两端有磕痕，书内有陆海军俱乐部藏书印记和图章。该书目前在纽约一家古旧书店求售，标价 296 美元。

《华勇营出军志》第一版已一书难求，若品相完好，没有图书馆印记，价值当可轻松达到 2000 美元。

第十章　天子的洋师

一、末帝洋师庄士敦

西方汉学家中，丁韪良、翟理斯之流固然学富五车，不负盛誉，但在今日民众心目中，他们是籍籍无闻的。而学术成就逊于他们的庄士敦，倒是声名远播，为当今的中国人所熟知，这全是沾了末代皇帝溥仪的光。

在中国数千年的帝制史上，庄士敦因缘际会，成了头一个洋帝师。而他的学生溥仪，却是中国的末代皇帝。这西洋的第一人与中国的最后一人相结合，便谱写出中国历史独特的一章。

庄士敦照片

这独特的一章，记载于溥仪的回忆录《我的前半生》，也记载于庄士敦的名著《紫禁城的黄昏》。因它浸透了皇朝衰亡、江山断送的悲剧性，是文人骚客的好材料，所以被反复做成文章和影视节目，让大家不断重温。

庄士敦初执教溥仪时，后者刚14岁。他对溥仪的世界观及个人趣味的形成，作用无可比拟。在《我的前半生》中，溥仪对庄士敦的描写绘声绘色，实在精彩，所以不得不全文照录：

我的父亲和中国师傅们"引见"雷湛奈尔德·约翰·弗莱明·庄士敦先生的日子，是1919年3月4日，地点在毓庆宫。首先，按着接见外臣的仪式，我坐在宝座上，他向我行鞠躬礼，我起立和他行握手礼，他又行一鞠躬礼，退出门外。然后，他再进来，我向他鞠个躬，这算是拜师之礼。这些礼都完了，在朱益藩师傅陪坐下，开始给我讲课。

我发现庄士敦师傅倒并不十分可怕。他的中国话非常流利，比陈师傅的福建话和朱师傅的江西话还好懂。庄师傅那年大约四十岁出头，显得比我父亲苍老，而动作却敏捷灵巧。他的腰板根直，我甚至还怀疑过他衣服里有什么铁架子撑着。虽然他没有什么八字胡和文明棍，他的腿也能打弯，但总给我一种硬邦邦的感觉。特别是他那双蓝眼睛和淡黄带白的头发，看着很不舒服。

他来了大概一个多月之后，一天他讲了一会书，忽然回过头去，恶狠狠地看了立在墙壁跟前的太监一眼，涨红了脸，忿忿地对我说：

"内务府这样对待我，是很不礼貌的。为什么别的师傅上课没有太监，惟有我的课要一个太监站在那里呢？我不喜欢这样。"他把"喜"的音念成see，"我不喜欢，我要向徐总统提出来，因为我是徐总统请来的！"

他未必真的去找过总统。清室请他当我的师傅，至少有一半是为着靠他"保镖"，因此不敢得罪他。他一红脸，王爷和大臣们马上让了步，撤走了太监。我感到这个外国人很厉害，最初我倒是规规矩矩地跟他学英文，不敢像对中国师傅那样，念得腻烦了就瞎聊，甚至叫师傅放假。

这样的日子只有两三个月，我就发现，这位英国师傅和中国师傅们相同的地方越来越多。他不但和中国师傅一样恭顺地称我为皇上，而且一样地在我念得厌烦的时候，推开书本陪我闲聊，讲些山南海北古今中外的掌故。根据他的建议，英文课添了一个伴读的学生。他也和中国师傅的做法一模一样。

这位苏格兰老夫子是英国牛津大学的文学硕士。他到宫里教书是由老洋务派李经迈（李鸿章之子）的推荐，经徐世昌总统代向英国公使馆交涉，正式被清室聘来的。他曾在香港英总督府里当秘书，入宫之前，是英国租借地威海卫的行政长官。据他自己说，他来亚洲已有二十多年，在中国走遍了内地各省，游遍了名山大川，古迹名胜。他通晓中国历史，熟悉中国各地风土人情，对儒、墨、释、老都有研究，对中国古诗特别欣赏。他读过多少经史子集我不知道，我只看见他像中国师傅一样，摇头晃脑抑扬顿挫地读唐诗。

他和中国师傅们同样地以我的赏赐为荣。他得到了头品顶戴后，专门做了一套清朝袍褂冠带，穿起来站他的西山樱桃沟别墅门前，在我写的"乐静山斋"四字匾额下面，拍成照片，广赠亲友。内务府在地安门油漆作一号租了一所四合院的住宅，给这位单身汉的师傅住。他把这个小院布置得俨然像一所遗老的住宅。一进门，在门洞里可以看见四个红底黑字的"门封"，一边是"毓庆宫行走""赏坐二人肩舆"，另一边是"赐头品顶戴""赏穿带膆貂褂"。每逢受到重大赏赐，他必有谢恩折。下面这个奏折就是第一次得到二品顶戴的赏赐以后写的：

臣庄士敦跪

奏为叩谢

天恩事。宣统十三年十二月十三日钦奉谕旨：庄士敦教授英文，三年匪懈，著加恩赏给二品顶戴，仍照旧教授，并赏给带膆貂褂一件，钦此。闻

命之下，实不胜感激之至，谨

恭折叩谢　皇上　天恩。谨

奏。

庄士敦采用《论语》"士志于道"这一句，给自己起了个"志道"的雅号。他很欣赏中国茶和中国的牡丹花，常和遗老们谈古论今。他回国养老后，在家里专辟了一室，陈列我的赐物和他的清朝朝服、顶戴等物，并在自己购置的小

岛上悬起"满洲国"的国旗，以表示对皇帝的忠诚。然而最先造成我们师生的融洽关系的，还是他的耐心。今天回想起来，这位爱红脸的苏格兰人能那样地对待我这样的学生，实在是件不容易的事。有一次他给我拿来了一些外国画报，上面都是关于第一次世界大战的图片，大都是显示协约国军威的飞机坦克大炮之类的东西。我让这些新鲜玩意吸引住了。他看出了我的兴趣，就指着画报上的东西给我讲解，坦克有什么作用，飞机是哪国的好，协约国军队怎样的勇敢。起初我听得还有味道，不过只有一会儿工夫我照例又烦了。我拿出了鼻烟壶，把鼻烟倒在桌子上，在上面画起花来。庄师傅一声不响地收起了画报，等着我玩鼻烟，一直等到下课的时候。还有一次，他给我带来一些外国糖果，那个漂亮的轻铁盒子，银色的包装纸，各种水果的香味，让我大为高兴。他就又讲起那水果味道是如何用化学方法造成的，那些整齐的形状是机器制成的。我一点也听不懂，也不想懂。我吃了两块糖，想起了桧柏树上的蚂蚁，想让他们尝尝化学和机器的味道，于是跑到跨院里去了。这位苏格兰老夫子于是又守着糖果盒子，在那里一直等到下课。

庄师傅教育我的苦心，我逐渐地明白了，而且感到高兴，愿意听从。他教的不只是英文，或者说，英文倒不重要，他更注意的是教育我像个他所说的英国绅士那样的人。我十五岁那年，决心完全照他的样来打扮自己，叫太监到街上给我买了一大堆西装来。"我穿上一套完全不合身、大得出奇的西服，而且把领带像绳子似地系在领子的外面。当我这样地走进了毓庆宫，叫他看见了的时候，他简直气得发了抖，叫我赶快回去换下来。第二天，他带来了裁缝给我量尺寸，定做了英国绅士的衣服。后来他说：

"如果不穿合身的西装，还是穿原来的袍褂好。穿那种估衣铺的衣服的不是绅士，是……"是什么，他没说下去。

"假如皇上将来出现在英国伦敦，"他曾对我说，"总要经常被邀请参加茶会的。那是比较随便而又重要的聚会，举行时间大都是星期三。在那里可以见到贵族、学者、名流，以及皇上有必要会见的各种人。衣裳不必太讲究，但是礼貌十分重要。如果喝咖啡像灌开水，拿点心当饭吃，或者叉子勺儿叮叮当当地响。那就坏了。在英国，吃点心、喝咖啡是 Refreshment（恢复精神），不是吃饭……"

……

总之，后来在我眼里，庄士敦的一切都是最好的，甚至连他衣服上的樟脑味也是香的。庄士敦使我相信西洋人是最聪明最文明的人，而他正是西洋人里最有学问的人。恐怕连他自己也没料到，他竟能在我身上发生这样大的魅力：他身上穿的毛呢衣料竟使我对中国的丝织绸缎的价值发生了动摇，他口袋上的自来水笔竟使我因中国人用毛笔宣纸而感到自卑。自从他把英国兵营的军乐队带进宫里演奏之后，我就更觉中国的丝弦不堪入耳，甚至连丹陛大乐的威严也大为削弱。只因庄士敦讥笑说中国人的辫子是猪尾巴，我才把它剪掉了。

……

在毓庆宫的最后一年，庄士敦已是我的灵魂的重要部分。我们谈论课外问题，越来越多地占用着上课时间，谈论的范围也越来越广泛。他给我讲过英国王室的生活，各国的政体国情，大战后的列强实力，世界各地风光，"日不落的大英帝国"土地上的风物，中国的内战局势，中国的"白话文运动"（他这样称呼五四新文化运动）和西方文明的关系，他还谈到了复辟的可能性和不可靠的军阀态度。……

有一次他说："从每种报纸上都可以看得出来，中国人民思念大清，每个人都厌倦了共和。我想暂且不必关心那些军人们的态度，皇帝陛下也不必费那么多时间从报纸上去寻找他们的态度，也暂且不必说，他们拥护复辟和拯救共和的最后目的有什么区别，总而言之，陈太傅的话是对的，皇帝陛下圣德日新是最要紧的。但是圣德日新，不能总是在紫禁城里。在欧洲，特别是在英王陛下的土地上，在英王太子读书的牛津大学里，皇帝陛下可以得到许多必要的知识，展开宽阔的眼界……"

在我动了留学英国的念头之前，他已给我打开了不小的"眼界"。经过他的介绍，紫禁城里出现过英国海军司令、香港英国总督，每个人都对我彬彬有礼地表示了对我的尊敬，称我为皇帝陛下。

我对欧化生活的醉心，我对庄士敦亦步亦趋的模仿，并非完全使这位外国师傅满意。比如穿衣服，他就另有见解，或者说，他另有对我的兴趣。在我结婚那天，我在招待外国宾客的酒会上露过了面。祝了酒，回到养心殿后，脱下我的龙袍，换上了便装长袍，内穿西服裤，头戴鸭舌帽。这时，庄士敦带着他的朋友们来了。一位外国老太太眼尖，她首先看见了我站在廊子底下，就问庄士敦：

"那个少年是谁？"

庄士敦看见了我，打量了一下我这身装束，立刻脸上涨得通红，那个模样简直把我吓一跳，而那些外国人脸上做出的那种失望的表情，又使我感到莫名其妙。外国人走了之后，庄士敦的气还没有消，简直是气急败坏地对我说：

"这叫什么样子呵？皇帝陛下！中国皇帝戴了一顶猎帽！我的上帝！"（溥仪：《我的前半生》，第三章"紫禁城内外"之五"庄士敦"，中华书局，1977年。）

庄士敦（Reginald F. Johnston，1874—1938）生于苏格兰首府爱丁堡。他于 1894 年毕业于爱丁堡大学，后进入牛津大学玛格德琳学院学习，主修现代历史、英国文学和法理学并获学士学位。光绪二十四年（1898），他考入英国殖民部，同年被英政府派往香港，先后任辅政司助理和港督卜力（Sir Henry Blake）的私人秘书。从此，庄士敦以学者兼官员的身份在华工作了 34 年。

光绪二十八年（1902）七月，他先后穿越中国云南和越南，然后又到缅甸考察。光绪三十年（1904），他经威海卫的首任英国文职行政长官骆任廷（Sir James Haldane Stewart Lockhart，1858—1937）力荐，被英国殖民部派往威海卫，先后出任政府秘书、正华务司和南区行政长官等职。光绪三十二年（1906），他沿长江而上去了四川、西藏。光绪三十四年（1908），他到了五台山、九华山、普陀山等地，主要任务是考察佛教圣地，为研究佛教理论搜集原始资料；

民国二年（1913），他前往普陀山研究观音文化。在此期间，他根据沿途的实地考察写成了《从北京到瓦城》（From Peking to Mandalay. A journey from North China to Burma through Tibetan Ssuch'uan and Yunnan）、《大地众生成佛》（Buddhist China）等书，对佛教礼赞备至。

在威海期间，庄士敦因觉得难以施展抱负，而几度想弃政从学，却屡屡受挫。他谋求美国哥伦比亚大学和香港大学汉学教授的职位，都功亏一篑。民国七年（1918）8月底，庄士敦循惯例往内地旅行，10月底来到了上海，不想就此时来运转了。时北洋政府国务总理徐世昌等人想为溥仪选一位师傅，教授英语和欧洲宪政知识，托李鸿章次子李经迈物色。李经迈曾在威海卫避难，与庄士敦交往甚密，在上海再遇后，自然大力推荐。庄士敦大喜过望，欣然受邀，遂于民国八年（1919）二月从威海离任，正式开始了"帝师"生涯。这一年，溥仪刚好14岁，而庄士敦已45岁。庄士敦就此迈上了人生的又一个台阶，进入了神秘的中国内宫。西洋人中，在紫禁城里长期生活过的，独他一个，拥有"帝师"头衔的，也别无他人，风头一时盖过了京师大学堂的总教习丁韪良，从此名闻天下。英国政府在其离威前，授予他CBE（高级英帝国勋爵士）。

溥仪被逐出宫时，庄士敦曾通过英国使馆向民国政府施压。溥仪去天津后，庄士敦于1926年短暂任英国赔款委员会书记，次年便重回威海卫当行政长官。民国十九年（1930）十月一日，庄士敦代表英国政府参加了威海卫归还仪式。面临离开中国，庄士敦沮丧异常，以致因仆人将衣服装箱时出错，而大发雷霆。

卸任回国后，庄士敦从1931年到1937年在伦敦大学东方学院任汉学教授。但上课讲学的工作，于他并不合适。他对溥仪念念不忘，九一八事变后，他借返华处理威海卫遗留问题之机，特地赴津探望溥仪，并请溥仪给他的著作《紫禁城的黄昏》写了100多字的序言。1935年溥仪在长春出任"傀儡皇帝"时，他照样去看望，更衷心拥护。

庄士敦向溥仪传播西方文化，自己却被中国文化同化了。他身为金发碧眼的洋人，却是地地道道的中国通，一口流利官话，欣赏中国公卿贵胄的派头，穿长袍马褂，戴二品花翎顶戴，像前清遗老一样迈方步，总愿意人家称他"庄大人"。他的名片上用中文印着"庄士敦"，下面还印上别号"志道"，取《论语》"士志于道"之意，因此也爱听人称他"志道先生"。他每次和陈宝琛、朱益藩以及王公旧臣见面，也总爱学中国官场的样子，拱手为礼。

庄士敦到中国后，脱胎换骨，变了一个人。他原是信仰基督教的，来华后兴趣转移到中国佛教，大量阅读佛家经典，遍访中华名山宝刹，与高僧法师探讨佛理妙谛，从此不再到教堂做礼拜。光绪二十七年（1901），庄士敦以"林绍阳"的笔名在伦敦出版了《一个中国人关于基督教传教活动向基督教世界的呼吁》一书，指责基督教会传教士试图改变中国社会的做法等，引起英国宗教界的猛烈抨击，称他为"古怪的佛教徒"。

庄士敦对儒家思想几乎达到了痴迷的地步。因此，他的所作所为，在大部分西方人看来，不免有些惊世骇俗。他认为儒家思想绝不应受到攻击，因它构成了中国社会的基础，是唯一可以把中国人连为一体的纽带。他写道："如果在漫长的改革过程中，中国逐渐轻视并放弃她几千年来所赖以依靠的所有支柱，如果她使自己所有的理想、生活哲学、道德观念和社会体制全盘西化，则她的确会变得富有、进步与强大，甚至会成为世界之霸，但她也会因此而丢掉更多优秀而伟大的品质、她的幸福来源，所有值得她自尊自强的东西都将一去不复返，代之而起的将是成千上万个村庄派出所！"为此，他维护帝制，憎恨民国，参与了溥仪复辟帝制的活动，与中国的革命派针锋相对。他对孙中山及袁世凯的仇恨，绝不亚于清室中任何一人。在一定程度上，他与辜鸿铭是难兄难弟，两人都是西方文化的饱学之士，却不顾一切地袒护中国的传统，在呼啦啦大厦将倾的时候，作堂吉诃德式的抵抗。

庄士敦一生未婚。他的晚年，思绪一直沉浸在紫禁城的余晖里，不能自拔。他以版税收入购得一苏格兰小岛艾琳岛（Eilean Righ），给居室分别起了松竹厅、威海卫厅和皇帝厅等名字，并升起了"满洲国"的"国旗"，陈列溥仪赏给他的朝服、顶戴及饰物等，终日把玩溥仪所赐之物，无心世事。1938 年 3 月 6 日，庄士敦怀着对中国往事的无尽思念，走到了生命的终点，享年 64 岁。他死后，其骨灰按他生前遗愿洒在艾琳岛及周边，以永远陪伴皇上赐他的物件。

庄士敦汉学功力深厚、深具学者素养。他广猎经史子集，喜欢中国古典诗词与饮茶之道，一生著有《从北京到瓦城》《大地众生成佛》《威海卫狮龙共存》《儒教与近代中国》《基督教在华传教事业评议》《中国戏剧》等书。但他的传世之作，还属《紫禁城的黄昏》。

二、庄士敦著作

《紫禁城的黄昏》

（Reginald F. Johnston, Twilight In The Forbidden City. Victor Gollancz Ltd, London 1934）

该书是庄士敦的回忆录，从戊戌风云写到溥仪出宫。书于 1934 年在伦敦出版后，便轰动了欧洲。之后不久，中文版与日文版也相继推出，庄士敦立时名闻遐迩。

庄士敦在扉页上写道："谨以此书呈献给溥仪皇帝陛下，以纪念十五年之前建立于紫禁城的良好友谊，并谨以此书对陛下本人以及生活在长城内外的他的人民，致以衷心的祝福。历经这个黄昏和漫漫长夜之后，正在迎来一个崭新而更加美好的黎明。"

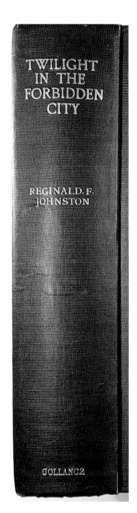

庄士敦的《紫禁城的黄昏》第一版，出版于1934年，当前售价679美元。

《紫禁城的黄昏》再现了清朝的落幕。庄士敦是参与者、旁观者，也是历史风云的记录者。书中出现的人物，除王公贵族，政客军阀外，还有陈独秀、章太炎、康有为、胡适、顾维钧、罗振玉、王国维、郑孝胥、翁同龢、陈宝琛等新旧人物，在帝国残阳中神态各异。

书中对溥仪自然着墨最多，但他身为"帝师"，对学生还是存有误读，比如说溥仪有"诗人气质"。溥仪在《我的前半生》中坦白说，他出于胡闹，曾以"邓炯麟"的化名，抄了一首明诗寄给某小报，居然发表。庄士敦不明就里，便把这首诗录在书里，译成英文，对学生大加称赞。

该书的中文版再版后，《中华读书报》评论说：

在《紫禁城的黄昏》中，庄士敦把自己在华的经历放在近代中国的大背景中，从一个谙熟中国文化，继而又身为帝师的外国人的特殊视角，对他耳闻目睹和亲身经历的大小事件，写下了真实的记录，字里行间浸透着他的审视和思考。

作者对于慈禧的描述很能引起读者的兴趣。慈禧被庄士敦描写为一个无知的老妇人。庄士敦认为，她不可能对整个朝廷所犯下的一切错误负责，在她死后，也不应该承担一切罪名。作为帝国最高的统治者，她没有能力摆脱祖先留下的腐朽传统的束缚，改变传统并不是她一己之力所能办到的。她反对"戊戌变法"，并不是因为她不希望中国富强，仅仅是因为她与光绪是站在对立的两面。光绪的变法，固然是为了让中国走上"富强之路"，同时也是为了掌握实权，改变受制于慈禧的状况。而这不但会威胁到慈禧的地位，甚至会危及她的生命。光绪请求袁世凯做的，不就是杀掉荣禄，软禁慈禧么？可以毫不夸张地预测，如果光绪成功，那么慈禧的日子，恐怕不会比日后光绪所经历的好到哪里去。

庄士敦崇拜光绪，认为他是伟大的皇帝；同时他也喜欢康有为；庄士敦对孙文的评价不高，认为他的理论"漏洞百出"；庄士敦一再强调，当时的中国人并不向往共和，起码90％的人不知道共和是什么意思，共和只是一些政客抢夺利益的筹码。

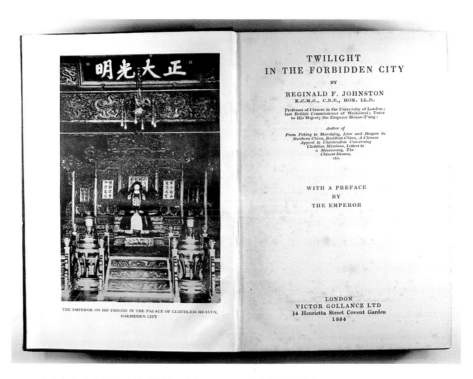

庄士敦的《紫禁城的黄昏》第一版标题页，照片为龙椅上的溥仪。

　　在庄士敦的笔下，溥仪也脱去了神秘的面纱。他只是一个普通的十几岁的少年，有着当时普通的中国少年所拥有的优点，比如在诗画方面的一些才能，对于新事物有着强烈的好奇心，对时事有着浓厚的兴趣，并能够做出自己的判断。庄士敦曾使溥仪接近了不少新事物，戴眼镜、装电话、开汽车、打网球等。溥仪性格中有着致命的弱点——浮躁，安于现状而不思进取。他也想复辟祖先的基业，但这个愿望并不像康有为、张勋等人那么强烈。他可以容忍民国政府一次次违背对清室许诺的"优待条件"，一再地拖欠费用，但当他看到自己祖先的陵寝——乾隆皇帝和慈禧太后的坟墓被人炸开，尸骨被剁成碎片扔得遍地都是，而曾经允诺对皇室陵寝永远奉祀及妥善保护的民国政府，对此却无只言片语的解释或安慰时，却无法忍受——他做出到满洲充任"傀儡"的决定不能

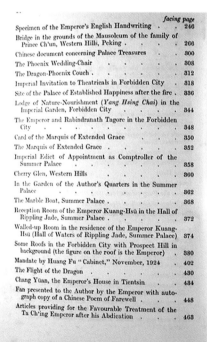

庄士敦的《紫禁城的黄昏》第一版书首的溥仪题词

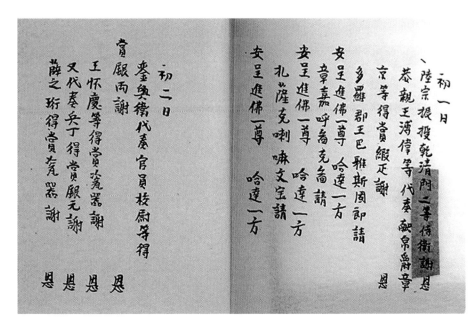

庄士敦的中文日记

H.I.H. PRINCE CH'UN AND SIR HENRY BLAKE, GOVERNOR OF HONG KONG, 1901

庄士敦的《紫禁城的黄昏》第一版插图：香港总督亨利·阿瑟·布莱克与溥仪生父醇亲王载沣

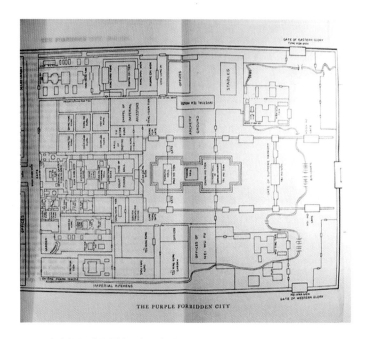

THE PURPLE FORBIDDEN CITY

庄士敦的《紫禁城的黄昏》第一版附录：紫禁城平面图

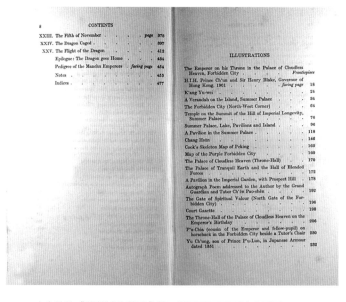

庄士敦的《紫禁城的黄昏》第一版目录页及图片索引页

说与此没有关系。

在《紫禁城的黄昏》中，庄士敦不仅详尽描述了当时中国政治舞台上的众生相，也记录了诸多鲜为人知的逸闻与宫廷生活内幕，是了解晚清历史无法绕过的第一手资料。（冯硕）

庄士敦的《紫禁城的黄昏》自出版第一天起，便是全球畅销书，从此一版再版，至今未有停歇。英语国家几乎数年便有新版推出。1987年，贝尔托鲁奇拍摄《末代皇帝》，即以该书为底本，捧红了尊龙和邬君梅两个华裔演员。

《紫禁城的黄昏》英文原版的头版，虽然珍稀程度只属于中等，却值得收藏。欧美古旧书市面上，一般500美元左右可买到品相不错的本子。本书展示的为《紫禁城的黄昏》英文版第一版，1934年由 Victor Gollancz Ltd 出版于伦敦。该书为厚重的精装本，暗绿布面，封面尺寸为长22厘米，宽15.5厘米，共486页，内有照片、插图、地图、示意图等共43幅，有些是折页。照片中的人物包括溥仪、溥佳、港督卜力、康有为、张勋等。书前有溥仪亲笔序的原迹照片及溥仪序文的英译。该书目前在西班牙某古旧书店出售，开价679美元。

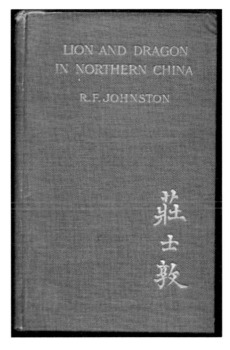

庄士敦的《威海卫狮龙共存》纽约第一版，出版于1910年（清宣统二年），当前售价245美元。

《威海卫狮龙共存》

（Reginald F. Johnston, Lion and Dragon in Northern China. E. P. Dutton and Company, New York 1910）

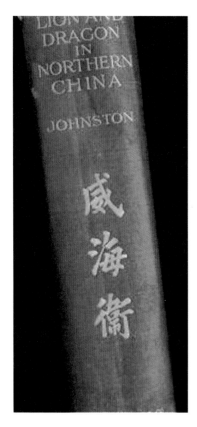

庄士敦的《威海卫狮龙共存》纽约
第一版书脊

这本书，是庄士敦对威海头五年为官生涯的小结。当时，他已在威海卫英租界先后出任了政府秘书、正华务司和南区行政长官等职。

威海卫自 1901 年 1 月 1 日起正式由英国殖民部主管，效仿香港，建立起一套直辖的殖民地统治模式，而威海行政公署是租借地最高管理机构。行政长官是殖民政府最高首脑，由英国国王直接任命，地位等同于英属各殖民地总督。

从 1898 年的道华德到 1930 年的庄士敦，先后有 7 任行政长官在威海任职。其中任职时间最长的是庄士敦的密友骆任廷，在威任职 19 年，是英租威海卫时期殖民制度和统治政策的主要制定者和执行者。骆氏也是汉学家，翻译有明朝邱浚的《成语考》（A Manual of Chinese Quotations, being a translation of Ch'eng yu' kao by Chiu Chin, 1893）。其次是庄士敦，在威任职 16 年，其中任行政长官 3 年。

1930 年 4 月，国民政府与英国政府拟订《中英交收威海卫专约》，同年 10 月 1 日，中英双方在英国威海卫行政公署举行接收典礼。当时，庄士敦已经与溥仪分手，重回威海卫任职，正在威海卫末任行政长官任上，主持了此项典礼。礼毕，庄士敦乘船黯然离威。至此，英国对威海 32 年的殖民统治宣告结束。

任职威海期间，庄士敦的施政理念与一般英国人全然两样，尽可能按他想象中的儒家方式治理中国人。他按清朝的方式审案，将法律条文弃诸一旁，认

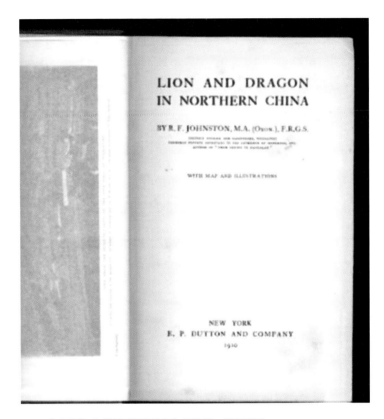

LION AND DRAGON
IN NORTHERN CHINA

BY R. F. JOHNSTON, M.A. (Oxon.), F.R.G.S.

WITH MAP AND ILLUSTRATIONS

NEW YORK
E. P. DUTTON AND COMPANY
1910

庄士敦的《威海卫狮龙共存》纽约第一版标题页

为中国人向来不以法律为准绳，风俗习惯和道德价值观念方才重要。他亲自拟定了一种"总董制"，通过乡绅名士来管理村民。他还努力以"士"的标准律己，刻意树立"父母官"形象。他认为地方官不可满足于批阅公文，而应以实地调查为主，因此经常在租界各处走村串户，调查社情民意。他在威海社会中融入颇深，村民们发生夫妻不和、婆媳不睦、邻里纠纷之类的琐事，都要请"庄大人"去说道说道。庄士敦在给殖民部的报告中写道："在管理过程中，这里的华人并不像某些对中国一无所知的人所描绘的那样难以管理……中国人像其他人一样存在缺点，但也有其优秀之处，那些批评者们往往视而不见。从管理的角度讲，

庄士敦的《威海卫狮龙共存》纽约第一版插图与地图

中国人是好统治的，因为他们信奉家族权力，他们的主要愿望就是管好自己的家庭，作为一条不成文的规矩，他要持重、有序、对父母子女和善，他们节俭、勤劳和安分。当这些优点占主导地位时，你会惊奇地发现中国人又比那些蔑视或批评他们的人都要优秀。"

庄士敦博得了中国人的好感，却被英国人视为保守主义者和儒家信徒。除了骆任廷，庄士敦几乎没有其他倾诉对象。山东当时为德国势力范围，英国政府挤进威海后，为免进一步得罪德国，便限制外商在威投资。见此，庄士敦认为威海卫已无自己用武之地，数度谋求调离，最后终因李经方推荐任帝师，而脱离威海。

在威海期间，庄士敦四处巡游，体察民俗风情，从民间搜集写作素材，并查阅威海史志资料，于 1910 年出版了《威海卫狮龙共存》。研究威海卫租借地的历史时，除了英国殖民部的档案材料外，该书是最真切的当事人陈述，具第一手资料价值。该书内容涉及威海及山东历史、地方名流、英国统治、租借地打官司情况、乡村生活情景、土地租佃、风俗习惯、喜庆节日、民谣、威海的生死婚嫁、妇女儿童地位及宗教迷信等。

该书由伦敦的 Brown Murray 公司及纽约的 E. P. Dutton 公司同时出版，在当前市场里，两种版本的市价相当。

本书展示的为该书的纽约版头版，由纽约 E. P. Dutton 公司于 1910 年出版，橘红色布面精装，封面印"庄士敦"三个金色中文大字，书脊则印"威海卫"三个金色中文大字。全书共 460 页，含 59 幅插图，印制精美，书后有折页华北地图。该书目前在美国一家古旧书店出售，标价 245 美元。

《中国戏剧》

（Reginald F. Johnston, The Chinese Drama, With Six Illustrations Reproduced from the Original Paintings by C.F. Winzer. Kelly and Walsh

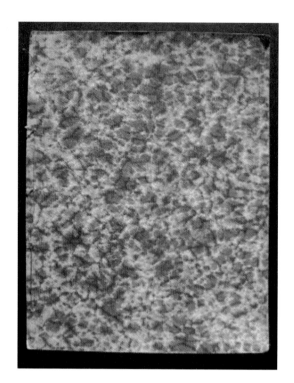

庄士敦的《中国戏曲》封面。该书出版于 1921 年，当前售价 300 美元以上。

Limited, Shanghai, 1921）

　　庄士敦的著作中，要数《紫禁城的黄昏》影响最大。但若以价值论，当下最值钱的，却是他的《中国戏剧》一书。

　　这本书出版时，庄士敦在紫禁城走马上任已快两年了。有没有送溥仪一本，因不见记载，故不得而知。庄士敦一向风雅，对京戏自然不放过，是戏院常客。郁达夫在《看京剧的回忆》一文中记载："自己与旧剧发生关系，是在民国十一年，担任当时的北大的教职以后。当时的北京大学教授，薪水比较独优，但是生活程度却很低很低，所以每月只领到几分之几的薪水时，就可以上大馆子请客，或上戏院去听戏了。在当时，和我们同去看戏的，有一位外国朋友，后来他作了溥仪的英文教员，他现在不晓得有没有死，但在当时，却已是四十五六岁的中年人了，他的名字叫庄士敦。这一位先生，喜欢研究中国戏的脸谱，可是像刘备穿了皇袍出来时，他是认得的，而一将长袍皇冠脱去，换上了小帽和短裆佩剑出来的时候，却又不认得了。"

　　从文章提及的时间推断，郁达夫与庄士敦同场看戏，应是 1922 年（民国十一年）以后的事，而此时庄士敦已在宫中执教，并非如郁达夫所说的是"后来"作了溥仪的教员。他的《中国戏剧》一书，也已由上海的别发洋行出版了。郁达夫的文章证实了几件事：其一，庄士敦的梨园观剧活动，是一以贯之的，并未因书已出版而停止，可见不是实用主义的举动；其二，他的兴趣重点是在京剧的脸谱，这点可以从书中内容获得证实；其三，虽然他已著书立说，大谈京剧，但对京剧并不十分内行，以至于刘备一换装，便不认得了。

　　庄士敦与王国维交往甚密，他对中国戏剧的兴趣，应该有后者的影响。王国维是研究中国戏剧的大家，著有《宋元戏曲史》和《曲录》等书，备受胡适推崇。他还从比较文学角度看待中国戏剧舞台的虚拟效果，认为台上一将几卒，摇旗挥刀，在锣鼓声中，走几个来回，便表示有千军万马。与西方再现实际生活的戏剧模式，全然对立。这套理论，估计能令庄士敦产生无限遐想。

　　庄士敦的《中国戏剧》是一本小册子，知者不多，流传稀少。本书展示的一册，为别发洋行 1921 年在上海出版的头版，纸质简装，内文共 36 页，含 6 幅彩色京剧脸谱插图，分别为赵云、武松、侍女、明装妇女、满装妇女、明装宰相等。6 幅插画，均为英国画家 Charles Freegrove Winzer 的作品。Winzer 于 20 年

庄士敦的《中国戏曲》局部

庄士敦的《中国戏曲》插图

4.—FEMALE CHARACTER IN MING COSTUME（明装婢女）

PRINTED AND PUBLISHED BY

KELLY AND WALSH, LIMITED

SHANGHAI :: HONGKONG :: SINGAPORE

1921

庄士敦的《中国戏曲》插图

庄士敦的《中国戏曲》精装版

代离开中国后赴斯里兰卡，任斯里兰卡教育部艺术督察。此书目前在芝加哥一古旧书店出售，因为是图书馆清退书籍，带图书馆印记，故只标价 300 美元。

别发洋行于出版简装版的同时，还出版了此书的精装版，为红色布面，封面画一财神，拉开一幅挂轴，大书"加官进爵"四个大字。该书目前有一册在法国出售，标价 1308 美元。

《大地众生成佛》

（JOHNSTON, REGINALD FLEMING, Buddhist China, Murray London 1913.）

庄士敦的学生、溥仪的"伴读"溥佳 1964 年写有一篇文章，这样回忆庄士敦：

"他在牛津大学读书的时候，就专门研究东方古典文学和历史……到中国以后又读了不少佛家释典，感到东方的佛教理论要比基督教的圣经不知高深多少倍，从此对基督教非常鄙视，也不到教堂做礼拜了。他写过一本书，名为《大地众生成佛》；还和英国一个神甫经常通信，用佛教理论来驳斥圣经……"

庄士敦曾于 1908 年、1913 年两度前往普陀山，中国的西人社区不禁怀疑，他是否在为日后出家当和尚做准备。其实，他是在为自己的著作搜集材料。二度上山的当年，他便在伦敦出版了《大地众生成佛》。他在书

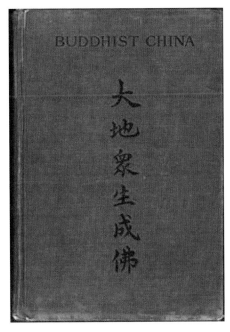

庄士敦的《大地众生成佛》第一版封面

中说："只有中国的儒家思想与佛教思想相结合，方能彰显中华民族文化之精髓，才是拯救世界未来的良方……"

该书的前面几章，主要讲述大乘佛教某些特点的起源及发展，尤其是在中国环境下形成的各种形式。第六、第七两章讲述中国宗教朝拜情况，并大致介绍了中国的几大佛教名山，最后六章，则重点研究安徽九华山及浙江普陀山。

本书展示的，为该书第一版，由伦敦的 Murray 公司于 1913 年出版。红色布面精装，封面为黑字，书脊为金字。内文共 403 页，含 32 幅黑白照片及一幅折页黑白草绘地图。该书目前在澳大利亚堪培拉一家古旧书店出售，标价 275 美元。

第十一章　镜头下的中国

一、中国摄影之初兴

摄影技术发明至今不到170年，便从最初的银版摄影推进到今日的数码时代，发展速度可谓风驰电掣。摄影是记录历史的利器，在描绘事物方面，有时虽千言万语，也抵不上一张照片的容量。对于后世研究者来说，近代中国因其封闭排外，摄影资料相对稀少，现存作品的重要性便更为凸显。

据刘善龄《西洋风》一书介绍，存世的第一张中国照片，是法国人1844年拍摄的，拍摄地点在中国沿海的船上。照片题名《石牌坊》，由法国摄影博物馆馆长转赠中国摄影大师郎静山收藏。

近代摄影技术的成形，是在1839年。当年，法国科学院及艺术学院共同宣布达盖尔银版摄影法问世。从刘善龄的介绍可以看出，银版摄影法宣布问世仅五年，法国人已将它用来拍摄中国，可见西方人窥探中国的迫切。

从那之后，扛着摄影机入华的西方人便日渐增多。他们以镜头再现中国，目的是将中国的真相传达给本国观众。拍摄中国的西人中，不乏摄影大师。他们在当年出版的影集，今日都已价值连城了。

二、西方摄影著作举要

约翰·汤姆逊与《中国与中国人影像》

约翰·汤姆逊生平

约翰·汤姆逊（John Thomson，1837—1921）是全球最伟大的早期摄影大师，他碰巧来了中国，这是近代中国之幸。

约翰·汤姆逊出生于苏格兰爱丁堡，毕业于爱丁堡大学。他两岁时，银版摄影法已经成熟，但他并非生来便只爱摄影。他是地理学家出身，对世界地理极度迷恋，因此年轻时起，便到处旅行考察。他说："在我到处游逛的时候，照相机是我永远的伴侣，它忠实地记录了我造访过的所有地方。"他所携带的摄影机，原只是工具，用来记录他的观察，但他却因摄影而成名，最终成为该领域的泰斗。他之成为大师，不仅因技艺精湛，更因为他的所有照片，都体现了深度的人文关怀。因此，约翰·汤姆逊与美国的保尔·马丁（Paul Martin）及雅克布·瑞斯（Jacob Riis）一起，被认为是社会记录摄影（social-documentary photography）之父。

1866 年，约翰·汤姆逊被聘为英国皇家地理协会（Royal Geographic Society）的摄影导师，时年 29 岁。与此同时，他开始在远东广泛旅行，前后历经十年，足迹遍布新加坡、泰国、柬埔寨、老挝、台湾，最后到达中国。他到新加坡后，开了一家商业照相馆，到香港时又再开一家。

他在中国的时间为 1870—1872 年，游览了福州、厦门、广州、台湾、上海、北京、湖北、四川等地，总行程五千英里，沿途拍摄不辍。这次旅行催生了好几本摄影集，其中的最后一本，便是 1873 年出版的《中国与中国人影像》。

回到英国后，约翰·汤姆逊认识了从巴黎逃亡伦敦的法国社会党人史密斯

（Adolphe Smith）。史密斯刚完成一本反映伦敦下层生活的书《伦敦街头生活》
（Street Life in London），请约翰·汤姆逊提供摄影插图，约翰·汤姆逊欣然
同意。在两人通力合作之下，书于 1877 年成功出版，内含伦敦贫苦生活的案例
36 个，所有摄影插图全由约翰·汤姆逊拍摄。史密斯原本籍籍无名，此书一出，
便借着约翰·汤姆逊的盛名走红。而约翰·汤姆逊为此书倾注的心血，再次证
明他对社会底层的极大同情。但他表露的社会主义倾向，使英国统治阶层深感
不快。

　　1879 年，约翰·汤姆逊在伦敦白金汉宫路开了照相馆，后在 Mayfair 再开
一家。从事摄影的同时，他一直为皇家地理学会撰写摄影方面的论文。他工作
不止，直到 84 岁逝世。

　　他去世后，皇家地理协会为他出版了传记，他在远东的作品，全都详细罗列，
但他最伟大的作品《伦敦街头生活》却只字未提。可见，摄影术在西方虽然早
就发明，但摄影应承担的社会责任、客观性及超然于政治的勇气，并非与生俱来，
而约翰·汤姆逊正是为此奋斗的先驱。

《中国与中国人影像》

　　（John Thomson , Illustrations of China and its People,A Series of Two
Hundred Photographs, with Letterpress Descriptive of the Places and Peo-
ple Represented. Sampson Low, London, 1873）

　　早期的涉华摄影集中，约翰·汤姆逊的《中国与中国人影像》占头等重要
位置。该书于 1873 年在英国伦敦出第一版，出版商为 Sampson Low。该书为
大开本，一套四册，每册 24 个页面，共计 96 个页面。大部分页面上有四幅照片，
小部分页面为单幅照片，共计含照片 218 幅。每个照片页面前均有棉纸保护，
并附一页说明文字。每页说明均不厌其烦，解说详尽，表达了约翰·汤姆逊对

汤姆逊的《中国与中国人影像》一套四册

所拍摄对象的感悟，极具研究价值。

《中国与中国人影像》第一册内容为香港、广州、台湾。第二册为台湾、潮州、广东、厦门、福州、汕头。第三册为宁波、上海、普陀、南京、九江、武昌、汉口、宜昌、四川。而第四册的 24 幅照片中，23 幅照的是北京的人和景，可以算是北京的专集了。

汤姆逊在该书的《引言》中说："读者若熟悉中国人，了解他们根深蒂固的迷信习惯，应不难理解，在我完成这项任务时，会面对多大的困难与危险。在许多地方，当地人从未见过白种的陌生人。而士大夫阶层在普通人中已植入一种先入之见，即，最应该提防的妖魔鬼怪中，'洋鬼子'居于首位，因为洋鬼子都是扮成人形的恶魔，双眼有魔法，具穿透力，能看到藏在天上地底的珍宝，因此无往而不利。他们来到中国人中间，纯是为了谋求自己的私利。因此，我所到之处，常被当成是危险的巫师，而我的照相机则被视为神秘暗器，与我

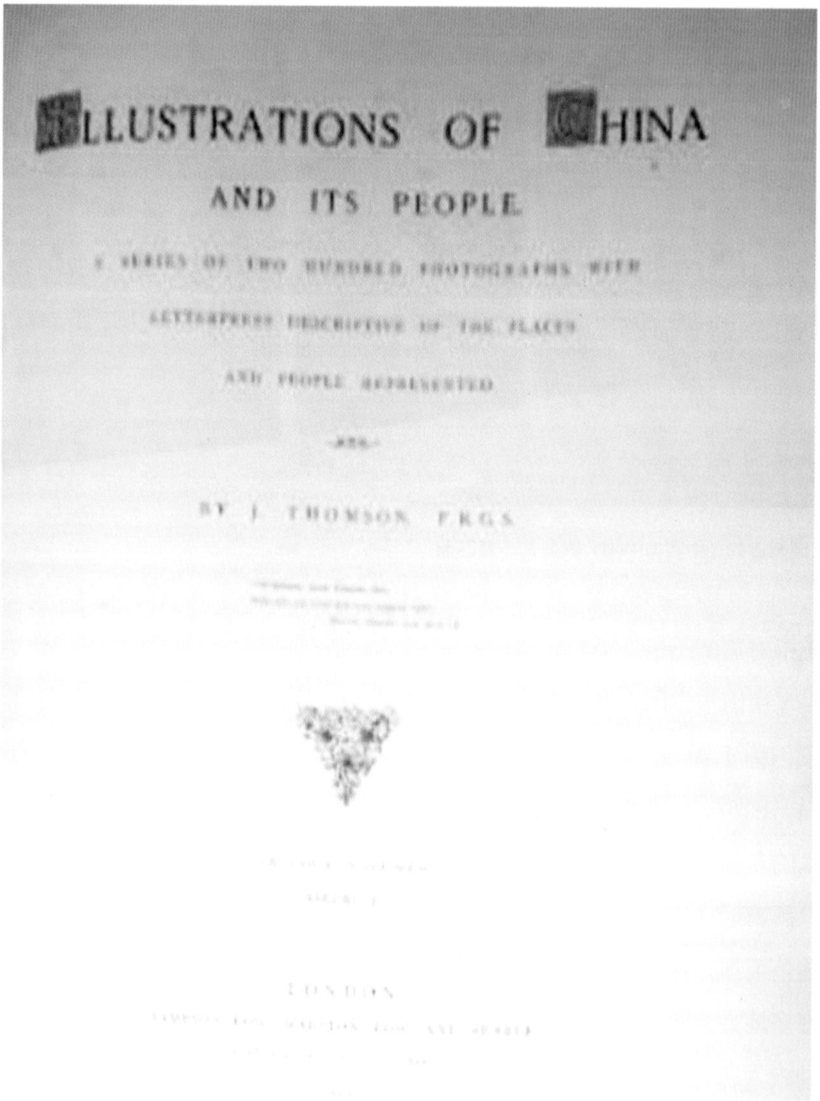

汤姆逊的《中国与中国人影像》标题页

的天生魔眼相得益彰，使我得以洞穿岩石山峦，看透当地人的灵魂，制成可怕的图像。被拍摄者会神魂出窍，不出几年，就会一魂归西。"

本书制作时采用的方式，称为"埋木式"（wood bury type），发明于 1864 年。这种方式的出现，使照相集的大量制作及广泛传播成为可能。这种方式并非印刷，而必须以人工手段将图像一张张贴入书中，但图像质量上乘，制作速度大大提高，因此获业内广泛采用。以埋木式方式制作的图片，色调呈红棕色，因此一眼便能辨别。

约翰·华纳（John Warner）在该书的现代再版序言中认为，约翰·汤姆逊既是天才的风景摄影大师，也是天才的肖像摄影师。他不仅对新奇的亭台楼阁及中国风景兴趣盎然，他对中国人的风俗文化、工匠百业及服饰面貌也百看不厌。他所面对的国家，充满了矛盾，也充满了不公，贫富悬殊巨大，不同阶层的权益判若云泥。看看他拍摄的统治者肖像，再看看他镜头下的穷苦阶层，这种对比便一目了然。从他的作品中，我们看到了一个遥远而腐败的政府、贫瘠的大地、落后与无知的人民。毋庸置辩，我们一眼便能看到约翰·汤姆逊的同情全在被剥夺者的一边。他拍摄了大量的匠人、乞丐、苦力，在当时的摄影界，这种题材非常另类，非常不时髦，但那些画面令人动容，具有不容辩驳的美感。从他的摄影集中，我们看到了一个摇摇欲坠的古老帝国，看到变革已刻不容缓，革命也必不可免。他所拍摄的中国影像，对中国之历史走向，已带有先知的性质。今日重温约翰·汤姆逊的作品，便可发现其生动性比之一百多年前，未见丝毫消退。

约翰·汤姆逊的好奇心永无止境，他的观察力精准无误，他的照片力透纸背。他不仅仅记录景点、市镇、村庄和建筑的表象，而是捕捉其精髓。他把镜头深入到中国人民的家庭内部、工作场所和街头巷尾，对准升斗小民，以极大的同情和敏锐，记录他们最真实的一面。全球都公认，19 世纪造访中国的西方摄影家中，约翰·汤姆逊是最伟大的一个。

该套摄影集于 1873 年出版，第一和第二册分别发行了 600 册，第三和第

汤姆逊《中国与中国人影像》照片：平民妇女

汤姆逊《中国与中国人影像》照片：恭亲王

汤姆逊《中国与中国人影像》照片：香港维多利亚港

汤姆逊《中国与中国人
影像》照片：香港街景

汤姆逊《中国与中国人影像》照片：广州船商

四册分别发行了 750 册。由于印数少，书本尺寸又大，到了一百三十几年后的今天，该书品相完好的藏本已屈指可数，成为收藏界珍品。原由英国皇家摄影协会收藏的一册，目前藏于英国摄影博物馆，四册被合订为一本。2003 年 2 月，皇家摄影协会举行藏品大展，此书是重点展品，说明该书不仅是记录中国的重要物证，更是摄影史上的划时代力作。

市场实例

2005 年 9 月 23 日，《中国与中国人影像》一套四册在伦敦克里斯蒂拍卖行易手，封面重包过，内页有轻微斑点，成交价为 17925 英镑（以 2008 年 4 月汇率算，约 250000 元人民币）。

本书展示的一套，四册齐全，品相极佳，原封面为对角纹路的布面，经后来重包，采用黑色摩洛哥皮，复古样式，烫金文字，封面尺寸为长 49 厘米，宽 36 厘米，内页没有任何生斑变色。该书目前在伦敦求售，开价 21000 英镑。

门尼及其著作

门尼简介

门尼（Donald M. Mennie）是澳大利亚籍的摄影家，他于 1891—1941 年在中国居住，任上海一家显影药水公司华生公司（Watsons & Company）的董事，该公司的原址在上海南京路 16 号。他的创作高峰是在 20 世纪二三十年代，单单有关中国的影集，便出版了《北京之盛观》《华北与华南》《中国一瞥》《扬子风景》《北京画册》等。

门尼的所有影集全部由华生公司负责照片洗印，由英国冯戴克公司（Vandyck Printers）负责制作。冯戴克公司是照相凹版印刷（photogravures）的专业公司。照相凹版印刷术是一门特殊工艺，采用化学与物理相结合的手法，在铜版上蚀刻后，蘸上高级油墨，压印在高级仿羊羔皮纸上。它与普通照片之不同，在于普通照片是由无数细小的微点组成，而凹版印刷制作的照片则是由相连的线条组成。因此，它不仅色调温暖，而且高度精确，既有照片的细微，又有石印的艺术效果。它制作起来耗资费时，在1920—1930年间，只有大师级的摄影师，比如 Alfred Stieglitz 和 Paul Strand 等，才敢以此种方式印制自己的影集。正因如此，门尼的作品才会如此珍稀，拍卖时动辄抬到数万元人民币。

《北京之盛观》

（Donald M. Mennie, The Pageant of Peking, A.S. Watson & Co., kelly & walsh, Shanghai, 1922）

门尼的《北京之盛观》标题页

《北京之盛观》首版于1920年，再版于1921年、1922年。该影集由华生公司与别发洋行联合出版，首版只印了1000册，每册均有编号。首版本为深蓝绫面精装，兰花暗纹，外部尺寸为长15.5英寸，短11.5英寸，厚度1.5英寸。再版本尺寸不变，但封面改为绿色绫面，印有圆章形暗纹，圆章中为"北京"两个篆体字。

影集含40页文字，66

门尼的《北京之盛观》内页

枚照片，每页一枚。每幅照片的对应页均有照片的标题和文字说明。此影集为半手工制作，先把照片以凹版印刷术印在影写纸上，再一张张手工粘贴在已经预留凹槽的轧花水印暗纹空白页上。

《北京之盛观》封面正中，除 The Pageant of Peking 几个英文大字外，还印有"北京美观"四个中文篆字方印。数年后，奥地利摄影师佩克哈默尔出版北京影集时，也在封面上用了同样方印，文字图形如出一辙，只是外文名采用 Peking 一个词。笔者根据国内惯例，将门尼的影集意译为"北京之盛观"，而将哈默尔的影集称为"北京美观"，以免混淆。

《北京之盛观》由威尔（Putnam Weale，1877—1930）作序。威尔本名辛博森（Bertram Lenox Simpson），出生于中国宁波，曾在瑞士留学。他的

门尼的《北京之盛观》第一版，出版于1920年，为深蓝绫面精装，当前售价1000美元以上。

门尼的《北京之盛观》再版封面，改用绿色绫面。

门尼的《北京之盛观》内页

门尼的《北京之盛观》内页

门尼的《北京之盛观》内页

汉语与英语一般流利，还能熟练运用法语和德语。威尔曾在北京总税务司署任录事司，1902 年开始任一些英国报纸驻北京的通讯员，后任伦敦《每日电讯报》（The Daily Telegraph）驻北京记者。进入民国后，他于 1916 年被总统黎元洪聘为总统府顾问，负责对外宣传。1922—1925 年又兼任奉系军阀张作霖顾问。其以 Putnam Weale 的笔名出版的著作不下十种，是国际学界知名的中国通。庚子事变中，他被困英国使馆内，事后根据亲身经历，写下了名著《庚子使馆被围记》（Indiscreet Letters from Peking），于 1906 年出版。

市场实例

北京中国书店 2007 年秋拍会时，一册 1922 年再版的《北京之盛观》以两万元以上价格被拍出。

目前，伦敦一家古旧书行有一本该书的头版出售，编号为 620。该书重约 7 磅，品相极差。丝绸封面已褪色，并有深度水渍。书角撞损严重，织物破损，书脊上下端都有缺口。所有内页均泛黄，霉斑严重，头两页被纵向撕破，裂口达到一半。撕掉部分已丢失。所幸内页的照片都在，其中一些照片呈棕色调，一些呈蓝色调，估计是不同印制方式所致。这样一本残破的影集，居然仍可叫价 1050美元。笔者估计，品相完美的《北京之盛观》首版，应可轻易叫价 5000 美元以上。

《扬子风景》

（Donald M. Mennie, The grandeur of the gorges, fifty photographic studies, with descriptive notes, of China's great waterway, the Yangtze Kiang, including twelve hand-coloured prints. Watson & company, Kelly & Walsh, Shanghai 1926）

门尼的《扬子风景》，出版于 1926 年，当前售价 1500 英镑。

《扬子风景》是英国的冯戴克公司（Vandyke Printers）委托华生公司（Watson & Company）出版的，由上海别发洋行于 1926 年发行。冯戴克公司出版该书的原意，是用作礼物，送给公司的客人，作业务推广之用，因此制作是不厌其精的。该影集只出过一版，印了一千册，每册都有编号，配有礼盒。

影集出版后，当时并未送罄。余下的部分，被藏在公司英国总部的保险室里。20 世纪 60 年代，公司驻地发生水灾，大部分影集不幸毁于水，幸存的少数几册，被分送给了公司员工留念。因此，这本影集存世极少，其珍贵程度，可想而知。

《扬子风景》为大 16 开的摄影集，封面为黑底绫面烫花，四周金边包角，内页毛边开口。影集的制作方式与《北京之盛观》如出一辙，照片全是以手工方式一枚枚贴入书页上预留的凹槽，其中有 12 枚照片为原版手工上色。整部影集手工制作色彩浓重，是承载历史的极佳载体，很容易让人抚今追昔。影集共收了 50 幅当年扬子江的照片（主要是宜昌到重庆段），由门内配上简短的英文说明。

市场实例

该书首版第 510 号曾于几年前在孔夫子旧书网上易手，成交价为 2000 余元人民币。书的品相不错，除个别虫蛀的痕迹外，无明显残损。对比海外市场

THE GRANDEUR
OF THE GORGES

FIFTY PHOTOGRAPHIC STUDIES, WITH DESCRIPTIVE
NOTES, OF CHINA'S GREAT WATERWAY, THE YANGTZE
KIANG, INCLUDING TWELVE HAND-COLOURED PRINTS

FROM PHOTOGRAPHS BY
DONALD MENNIE
AUTHOR OF "THE PAGEANT OF PEKING," "CHINA—NORTH AND SOUTH."

A. S. WATSON & COMPANY
(The Shanghai Pharmacy, Ltd.)
KELLY & WALSH, LIMITED, SHANGHAI,
1926.

门尼的《扬子风景》标题页

门尼的《扬子风景》内页

门尼的《扬子风景》内页

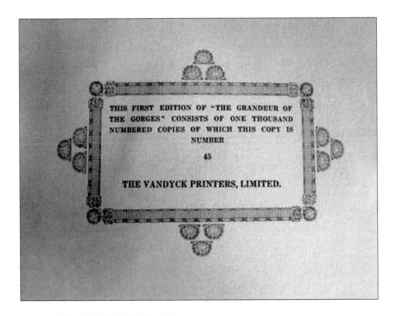

门尼的《扬子风景》第 45 号

价格，此价属于捡漏，有升值空间。

目前，该书首版第 45 号在南伦敦一古旧书行出售。总体品相完好，卷首空白页有霉斑，照片的彩页有一页松散，封底临书脊处褪色，具体见插图所示。该书开价 1000 英镑。

伦敦另有一家古旧书行也在出售该书，未提具体编号，只透露带原配外盒，品相完美，开价 1500 英镑。

《中国风景画》

（Donald M.Mennie,Glimpses of China,A.S.Watson & Co.,Shanghai）

该影集是门尼的又一重要作品，出版年代不详，应该是在 20 世纪 20 年代。影集仍由他自家公司华生公司洗印，由冯戴克公司采用凹版技术印刷。影集为活页绳装，纸质软面，外部尺寸为 11.25×8.875 英寸。

书内含 29 枚照片，绝大部分拍摄于上海及周边地区，如昆山、松江、杭州、无锡等地。大部分照片的尺寸为 4.875×6.875 英寸。因洗印时的技术原因，照片的色调并不统一。

市场实例

该书在市面上已少有流通，少数几册都藏于全球一些主要图书馆，或在私人藏家之手。美国一家古旧书店 2008 年 5 月将一册放在 Ebay 拍卖。该册品相一般，封面磨损，书脊底部有 1 英寸多的裂口，内页基本完好。最后该影集以 393 美元售出。这是该影集罕有的一次交易，下次再露面，不知几时了。

门尼的《中国风景画》，出版于 20 世纪 20 年代，当前少流通

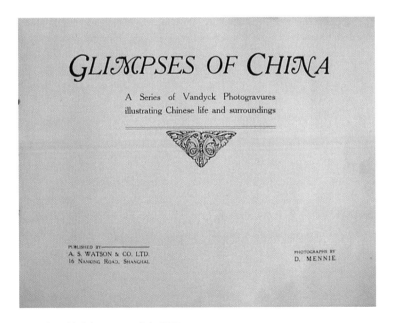

门尼的《中国风景画》标题页

门尼的《中国风景画》内页

门尼的《中国风景画》内页

门尼的《中国风景画》内页

门尼的《中国风景画》内页

佩克哈默及其著作

佩克哈默生平

佩克哈默（Heinz Von Perckhammer，1895—1965）是意大利摄影家，同样以拍摄中国成名。

国内常称佩克哈默为德国人，此说不确。虽然他主要活动于德国，著作都在柏林出版，但其实他出生在南提洛尔的梅兰，此地原属奥匈帝国，现属意大利。他的姓前带个"冯"字，说明有贵族血统。他在中国的活动，国内少有记录，只知他的足迹遍及全国，包括内地与澳门。据西方记载，他在1917—1919年，曾被关押在中国某监狱，从此开始其摄影生涯。若此说正确，则他在监狱中应享有良好待遇。由于当时治外法权未废，他的囚禁处，应该是在外国租界或某领馆监狱。

在华期间，佩克哈默创作激情迸发，拍下照片无数，影集在德国连串出版，其代表作为《百美影》《北京美观》《中国与中国人》。当前都是值得收藏的精品。

佩克哈默的几本影集同样采用了照相凹版印刷术，而柏林的工艺代表了当时的世界水平，尤为精湛。他的作品，制作工艺明显高超，色调统一，呈特别的深棕色。

佩克哈默与门尼同属一个时代，同在中国活动，拍摄的对象亦大同小异。两人的区别在于，门尼以拍摄风景为主，佩克哈默则对风景与人物同样注重；门尼于摄影的同时还兼营生意，佩克哈默则是职业摄影师；门尼的影集全在上海出版，哈默尔的影集全在德国出版；门尼的影集印数稀少，佩克哈默的影集则大量发行。因此，时至今日，尽管门尼的作品不如佩克哈默精湛，但价值远远超过佩克哈默，主要原因，当然是物以稀为贵。

佩克哈默的几本影集出版后不久，那种不计工本的照片印制工艺便难以为继、业界着手改良，减低纸张及油墨的质量。因此，此后的照相凹版印刷术，便不复原有的质素，这也使得佩克哈默的这些影集更显珍贵。

《百美影》

（Heinz v. Perckhammer, Edle Nacktheir in China, Berlin, 1928）

《百美影》于 1928 年出版于德国柏林，只出过德文版。此书为全手工制作，纸面平装，外部尺寸为长 27.5 厘米，宽 21 厘米，内页采用高级仿羊羔皮纸，以照相凹版印刷术印制。

全书收有中国女体写真 32 枚，每一枚照片都以全页印制。因最后一枚印在封底，市面上有些重做封面的版本，便只收有 31 枚照片。此书的重要性，在于它是有史以来第一部中国人的裸体摄影集。当时中国社会思想封闭，裸体模特行业未成风尚，没有良家妇女配合佩克哈默的工作，他只有在澳门找妓女当模特儿，靠流连于青楼完成这项工作。佩克哈默返德国后，将这些中国妇女的人体摄影连载于法国某杂志上。1928 年，又将其结集在德国出版。

佩克哈默在序言中谈及拍摄此书的动机：让欧洲读者关注中国的一个特别侧面，即中国妇女之美。他认为，受各自传统及时代变迁的影响，各国文化对女性

佩克哈默的《百美影》，出版于 1928 年，当前售价 1000 美元以上。

美都有不同解读。而中国妇女的特点，在于她们扮演了一个分裂的角色。一方面，她们饱受压制，沦落为生儿育女的工具，还常常被迫与其他女人分享一个丈夫；另一方面，那些琴棋书画无所不精的高级妓女，又大受男人的尊崇。

佩克哈默还告诫欧洲读者，千万不可将日本裸女与中国裸女混为一谈。日本裸体盛行，而中国则全然相反。至于艺术表现方面，中国与希腊、罗马、印度甚至埃及都相去甚远，除了一些怪异的春宫外，从来不将裸体当作绘画艺术的组成部分。因此，高质量的中国裸体女性艺术基本不存在，这使得《百美影》更具价值。

他写到，为了说服中国妇女拍裸体照，他费了极大的口舌。因为很难让她们相信，此事并不可耻。他对中国女性胴体赞叹不已，认为她们身形纤细，线条柔顺，宛如弱柳临风。她们的双手异常纤美，双脚更是精巧有致。

佩克哈默的《百美影》内页

EDLE NACKTHEIT
IN CHINA

MIT 32 ORIGINALAUFNAHMEN
VON
HEINZ VON PERCKHAMMER

EIGENBRÖDLER-VERLAG/BERLIN W8

佩克哈默的《百美影》标题页

佩克哈默的《百美影》内页

佩克哈默的《百美影》内页

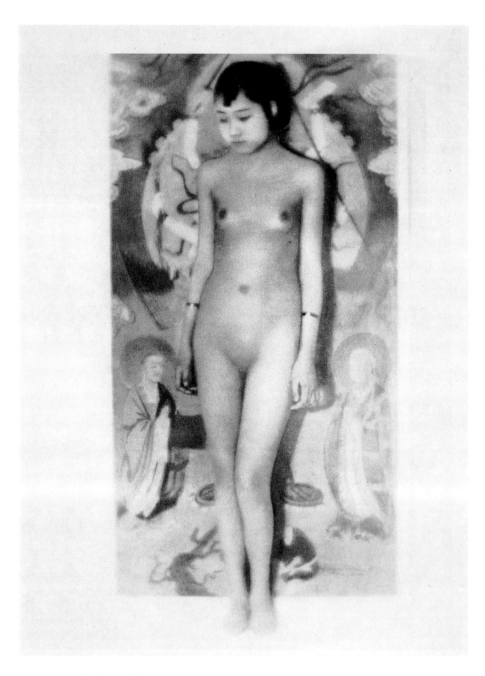

佩克哈默的《百美影》内页

佩克哈默的《百美影》内页

市场实例

该书有一册目前在伦敦出售，为 1928 年的头版，原书为纸面平装，大约在
20 世纪四五十年代被装上了新封面，改为高级亚麻布蒙面的精装本。此举固然
使得该书得以长期完好保存，但也牺牲了封底的一枚照片，变为只有 31 枚照片。
由于该书经历了变身，原始性遭到削弱，因此售价为 800 美元，否则应远不止
于此价。

《北京美观》

（Heinz v. Perckhammer, PEKING, Berlin, 1928）

此书于 1928 年出版于德国柏林，出版时间在《百美影》之后。该书外部尺
寸为长 12 英寸，宽 9 英寸，共收有 200 枚全页黑白照片，每幅照片均以英文、
法文、德文、西班牙文说明，以照相凹版印刷术印制。

每幅照片都是 20 世纪 20 年代北京实景，恢宏壮观。

佩克哈默的《北京美观》，出版于 1928 年，当前售价 500 美元左右。

38

39

Lautenspieler in achten Teehaus
Lute-player in a tea-house
Joueur de luth dans une maison de thé
Tocadores de laut en una casa de te

Lautenspieler
Lute player
Joueur de luth
Tocadores de laut

14

15

Tsien-men Stadttor
Tsien-men Gate
Porte Tsien-men
Puerta Tsien-men

Blick in die Chinesenstadt
View of the Chinese Town
Vue sur la Ville Chinoise
Panorama de la Ciudad China

佩克哈默的《北京美观》内页

18

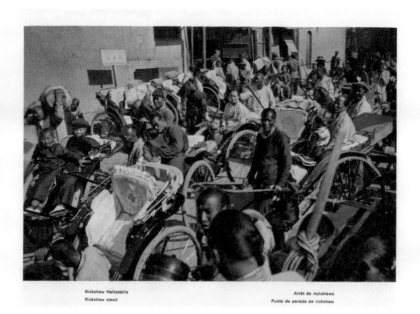

20

佩克哈默的《北京美观》内页

Edelsteinpagode
Jewelled Pagoda

Pagode des Pierres Précieuses
Pagoda de las Piedras Preciosas

Kamelrückenbrücke Yun-tschan-schan
Camel-back-Bridge Yun-tschan-schan

Pont dit „Dos du Chameau" Youn-tschan-schan
Puente en albardilla o lomo de camello Yun-tschan-schan

佩克哈默的《北京美观》内页

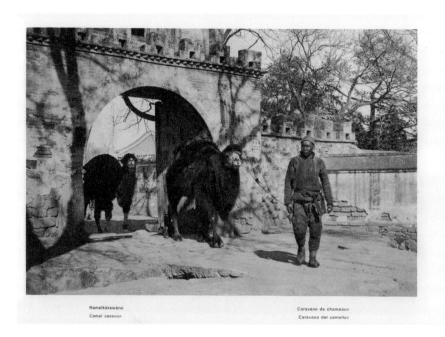

佩克哈默的《北京美观》内页

114

佩克哈默的《北京美观》内页

佩克哈默的《北京美观》内页

86

Kameltreiber
Camel driver

Chamelier
Camellero

佩克哈默的《北京美观》内页

市场实例

该书存世较多，价钱一般在 500 美元左右。目前有一册在加拿大一家古旧书行出售，售价 485 加元。

《中国与中国人》

（Heinz v. Perckhammer, Von China und Chinesen, Berlin, 1930）

此书于 1930 年出版于德国柏林，全书共有 64 枚全页黑白照片，以照相凹版印刷术印制。

此书也是以德文刊行的。佩克哈默在序言中介绍了中国历史，对马可·波罗以来的中西交流史着墨尤多。他认为，尽管中国固守传统，抗拒现代化，但西方应有耐心，给中国机会，并学会欣赏中国文化的独特性。而随着世界交流的日益频繁，各国乃至各大洲终将趋同。他希望以自己的摄影集，增强西方对中国的了解，成为中西沟通的桥梁。

市场实例

此书存世较多，目前市价在 300 美元左右。

本节图片由 Rare Antigue books 提供。

佩克哈默的《中国与中国人》，出版于 1930 年，当前售价 300 美元左右。

佩克哈默的《中国与中国人》内页

佩克哈默的《中国与中国人》内页

佩克哈默的《中国与中国人》内页

佩克哈默的《中国与中国人》内页

佩克哈默的《中国与中国人》内页

第十二章　西方首部台湾史

礼密臣生平

中国的文人自成一派，与其余群体泾渭分明。著书立说，似乎是他们的专利，其他人沾不上边。西方正相反，各行各业都把写作视为己任，感觉人人舞文弄墨。查一下西方涉华著作的作者群，就发现专业文人并不多，而教士、职业军人、工匠、外交官、医护人士、科学家、画家则比比皆是。而且，这些人一下笔，往往与自己的职业混不相干，通常都是教士不讲《圣经》而谈文字，军人不讲船舰而谈民俗，外交官不讲条约而谈音乐，医生不讲瘟疫而谈历史，或科学家不讲公式而谈宗教。而各种题材中，历史又是大家的首选。但凡称得上"汉学家"的西方人，无论是教士也好，外交官也好，还是税务官也好，名下无不列有几部中国历史的专著。

因此，西方头一部台湾史，出自一个探险家兼外交官的美国人之手，便也不足为奇了。此人中文名礼密臣（James Wheeler Davidson，1872—1933），曾以美国领事身份，在中国多地任职，写下了重要著作《台湾之过去与现在》，在中国近现代史上并非无足轻重。但大陆对礼密臣研究不多。

礼密臣的译名较为复杂，据台湾赖永祥教授的《教会史话》第二辑说，按

礼密臣与女儿合影

清朝官方的外籍人士统一汉译名册，礼密臣的原中文译名为"达飞声"，后由台湾的李春生教授（1838—1924）以台语音译为"礼密臣"。一般学者又译作戴维逊、达维逊、大卫森、迭毕特逊等多种。因"礼密臣"采用较多，本书便选为标准译法。

礼密臣 1872 年 6 月 14 日生于美国明尼苏达州奥斯丁市，后在西北军事学院就读。他是个典型的美国人，对书本知识兴趣索然，各门课程都差，只有地理课成绩最佳。但是，他自幼便有经商头脑，读书时，便组织奥斯丁歌剧院乐友会出外旅游，搞得有声有色。

1893 年，美国极地探险家皮里（Robert E. Peary）组织第二次北极探险，从 1500 名申请者中选出 8 人，礼密臣是其中之一，而且是最年轻的一个。探险途中，礼密臣的帐篷被风暴摧毁，左脚被冻伤。他又坚持 7 天，直至左脚冻成大理石状，濒临坏死，才被人绑在狗拉雪橇上，随队医文森特撤回大本营。回途一路历尽艰险，45 英里路程走了 3 天，最后狗只走失，队医只好单独前往探路，留他一人死等救援。他凭着求生本能和一腔蛮力，连滚带爬前进，终在大本营附近被救，幸免一死。获救后，他的左脚经 3 次手术，5 个月治疗，总算保住，却从此不良于行，终身跛足。

皮里探险队在格陵兰滞留了 15 个月，最后被一艘救援船救出。在船上时，礼密臣认识了纽约某报的总编布里奇曼（H.L. Bridgman），不禁冒险天性又起，立刻萌生了到远东当驻外记者的念头，想让布里奇曼聘他，却被婉拒。但他既然动了这个念头，岂会轻易罢休，回到老家奥斯丁后，左思右想，觉得横竖要去，便于 1894 年 11 月下决心成行。

礼密臣决定去远东时，正值中日甲午战争正酣，因此，《纽约先驱论坛报》《圣保罗晨报》等八家报纸便组成报业联盟，联合聘他为战地记者，共同采用他的通讯稿。不久，香港、日本及中国的一些英文报也加入了该联盟。

1895 年初，礼密臣首站先抵日本。这时，《先驱论坛报》远东分局主任来电说，台湾岛可能有军事行动，着他即刻前往。于是他赶赴台北，成了在场的唯一记者。他的原意，是与当地的中国驻军会合，然后从中国人的角度报道此场战争。

但随着事件演化，情况却逆转了。原来，《马关条约》签署后，台湾于 5 月成立了"台湾民主国"，推台湾末任巡抚唐景崧为"总统"，刘永福为"大将军"，工部主事丘逢甲为"副总统"兼"义勇统领"，立年号"永清"。唐景崧电奏清政府："今之自主，为拒倭计，免其向中国饶舌；如有转机，自仍归中国。"

但日本人稍加进攻，台湾抵抗力量便一触即溃。唐景崧放弃守土职责，不顾万千子民生死，微服潜回大陆。台湾的清兵群龙无首，因欠饷而相继兵变，烧杀掠抢，无恶不作。而此时，日兵距台北仅 10 英里路程，人数约两千余。6 月 6 日，与中国人一起坐困愁城的礼密臣终于耐不住，觉得混乱情况不容再拖延，便与一名英国人、一名德国人及三名本地苦力一起，扛着来福枪和白旗，出城往日本军营联络。他们遇到的日本哨兵，刚巧能说点英语，便带他们去见日本军官。礼密臣将台北的乱象和盘托出，日将一听，信心大增，只派出一支 500 人的部队，随礼密臣等去攻占台北。部队凌晨两点到达台北城外 3 英里处，安营扎寨。礼密臣等三个外国人先行入城。

礼密臣一进台北，便散布谣言说，日本人已经大兵压境。这消息经台北城的更夫一传，转眼便传遍了大街小巷。与台北城里的中国人比，日军人数只及百分之一，但凌晨入城时，中国人早已不战自溃。于是日军便轻易占据了各战略要点，清兵霎时就逃得无影无踪，台北城的秩序也迅速恢复了。

从日军入台北城那一刻起，礼密臣便将立场转到日本人一边。他随日军一起推进，直至台湾全岛被征服。据记载，礼密臣是加入了日本军队的，因此，美国人称他为礼密臣大佐（Colonel James Wheeler Davidson）时，应该是日军的军衔。盖因礼密臣虽然就读西北军事学院，却并无服役美军的记录，不可能有美军上校的军衔。又据说，他对日本文化极其着迷，潜心学习日语，达到相当高的程度。

从西方立场看，礼密臣援手日军，乃是出于"人道"；从中国人立场看，礼密臣此举是出卖了中国人民，出卖了台湾。日本人当然视他为勇士。1895 年 12 月，天皇通过台湾总督桦山资纪授予礼密臣等三名欧美人勋五等旭日章。在日本历史上，他们是第二批获此勋章的外国人。

礼密臣一路随军，一路采访报道，至少在美国报业联盟的报纸上发表了 88 篇通讯稿，引起美国政府的注意。1896 年底，美国政府向他提出，有意任命他为驻台湾淡水代办领事，他欣然受命，后于 1898 年转正。礼密臣在淡水领事任上待了近八年，他向美国政府提交大量报告，力主美国政府投资台湾的产业。

经他的努力，美国终于取代英国，成为台湾的最大贸易伙伴。他可说是所有美国在台领事中，最有成就的一位。

礼密臣原本对历史并非内行，在台湾期间，才开始恶补历史课，奋力钻研台湾的古代史，并写下了他的经典之作《台湾之过去与现在》。这本书于1903年出版，当年便获得了皇家地理学会的一个奖项。

1903年，礼密臣被美国政府调任满洲。刚到不久，便因他的名声，被俄国沙皇政府"借调"，替俄国政府全面考察刚完成的中东铁路。他的考察期前后六个月，期间撰写了大量文章和几本书，包括《礼密臣满洲手册》（David-son's Handbook of Manchuria, circa 1904）、《西伯利亚和中国铁路导游》（Guide Book to Siberian and Chinese Railways）等。

1904年1月，礼密臣被任命为美国驻中国安东（今辽宁丹东）领事。1904年5月至8月，被调任驻上海总领馆商务随员。1904年8月至10月，任南京领事。1904年12月至1905年5月任上海副领事，后升为领事。1905年5月再任安东领事，后又回上海任代理总领事。当时，上海总领馆是美国最大的海外使团之一，因此，以礼密臣相对短浅的资历，已经算是高就了。

1905年，代理总领事礼密臣在上海染上了伤寒，只好中断锦绣事业，回国休养。在回国的船上，他遇到了三藩市的道氏一家。当时，他年仅33岁，还是光棍一个，却有丰厚的传奇经历、大量著述和高级外交官身份，再加上相貌堂堂，便被道家女儿一眼看上了。回美后，他在老家养病数月，终于康复，决计往旧金山探望未来岳父一家。哪知到达旧金山的那天，正好发生史上著名的1906年旧金山大地震。他立时显出探险家的本色，在无边无际的废墟中寻出一条路来，进入市区，并找到道氏一家。这时才发现，道家的公司大楼早就被夷为平地，公馆也被焚毁了。于是他协助岳父全家转移到临近的Alameda市，并恢复了道氏油泵及柴油公司的运作。

1906年10月6日，礼密臣与道家女儿莉莲（Lillian Dow）成婚。婚后，他改营生意，从此蒸蒸日上，日益发达，最后成为家财亿万的大富豪。关于礼密臣的营商生涯，因与本书关系不大，略去不表，只交代他长袖善舞，进入石油业、木材业。暴富之后，又投资文化事业，成了泛加拿大剧院公司的大股东。1914 年后，他开始参与扶轮社（Rotary Club）的工作，最后的 20 年的精力，全部用来在全球推广扶轮社，并成为该社的名誉总裁。他死于 1933 年，他的夫人莉莲一直到 1972 年才过世。

礼密臣的一生事迹，有许多书籍谈及。其中较为全面的一本，是印度人约瑟夫所写的《礼密臣，一个扶轮社员的侧影》（N.T. Joseph, James Wheeler Davidson, Profile of a Rotarian，1987）。

《台湾之过去与现在》

（James Wheeler Davidson, The Island of Formosa; Past and Present; History, People, Resources and commercial Prospects, London: Macmillan 1903）

该书于 1903 年在伦敦出版，同年又由上海的别发洋行出版亚洲版。全书 646 页，分 31 章，共有 168 幅插图，2 幅地图，其中 1 幅为折页彩色，书后有 4 个附录。书中讲述的台湾历史，上自 1514 年荷兰人统治台湾开始，下至 20 世纪初台湾落入日本人手里为止。除历史外，还详细研究了台湾的自然资源、贸易、产业、原住民、语言及自然历史等方面，堪称一部台湾的大百科全书。

礼密臣在书中评价郑成功是"东方现代史上最杰出的人物"，有"坚强的意志、如火的热诚"，以极强的能力统帅着手下的各方势力。

他认为中法战争期间，刘铭传主动撤出基隆，从军事角度来说是很高明的。他说："刘铭传不似一般华人那样的性格，他灵敏而又有决断，听到炮轰即命令破坏基隆煤矿的机械设备，使煤坑泛滥，并将手中存煤一万五千吨火烧。这是使法国舰船无法受到煤之供应之故。这命令于接到命令之日被执行。"他接

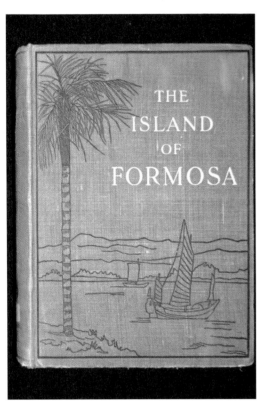

礼密臣的《台湾之过去与现在》，出版于 1903 年（清光绪二十九年），当前售价 1000 英镑。

着又说："法国人虽然攻占基隆，而不能再前进，他至少使他们大败一次。"他对刘铭传兴筑台湾铁路的种种缺失，也有生动描述，可见刘铭传最为后世传诵的铁路建设，其实品质粗糙，所有赞誉都言过其实。日本统治台湾后，只好全面放弃了刘铭传修筑的铁路，另筑新路。

书里对台湾的各行各业，均有详细描述。比如，他描写的日据时代采煤与运输方法是："入口如此小，矿工只好爬进去；隧道之高度超过煤层之厚度无几，如此之小，采掘时矿工需跪着工作、或是蹲着工作，其身体之一部分在泥土中；笔者曾经看见过，用鹤嘴锄掘。因为隧道低不过，使得矿工不得不卧倒地下，空气于一两小时后即污秽不堪，灯光微弱闪闪欲灭，而矿工用尽体力，不得不停止工作，寻觅新鲜的空气。"

如那时代的大多数美国人一样，礼密臣是典型的亲日派，因此，他对日本在台的殖民政策和努力，抱宽容的看法。

中国官方修撰的台湾史始于康熙二十四年（1685），由首任台湾府知府奉天锦州人蒋毓英主修，共 10 卷。此后历经增扩重修。而西方人修台湾史，则以礼密臣为第一人。为写作此书，礼密臣在台湾的八年里博览群书，收集了无数

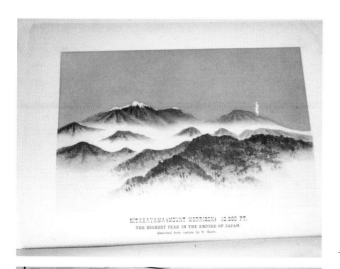

礼密臣的《台湾之过去与现在》插图：富士山。

礼密臣的《台湾之过去与现在》附录：福尔摩沙（台湾）地图。

Government Camphor Works, Taihoku.
Taikokan (Tokolsam) Village, Supply
Station for Leading Camphor District.

Up-country Japanese Still.
Chinese Police on Savage Border.

礼密臣的《台湾之过去与现在》插图

Formosa Republic (Tainan) one dollar
Government note, one fourth natural size.

Formosa Republic (Tainan) ten cent
postage stamp, natural size.

Tang Ching Sung, ex-Acting Governor and
first President of the Formosa Republic.

The Black Flag chief Lu Yung Fu, President
of the Formosa Republic organized at Tainan.

"Jing galls" manufactured at Tang's Taipeh Arsenal.

礼密臣的《台湾之过去与现在》插图

礼密臣的《台湾之过去与现在》插图

原始资料。直至今天,《台湾之过去与现在》仍是台湾史方面最权威的著作之一,研究台湾早期历史的学者,无人可绕开此书。为弄清台湾原住民历史上的一些疑点,台湾政府及台湾历史学会曾派员拜访礼密臣后人,查阅礼密臣搜集的物证、信件及记录,以弄清事情真相。

《台湾之过去与现在》已于1972年由蔡启恒译为中文,在台湾出版。

礼密臣的书出版15年后,1918年,台湾人连横(雅堂)倾注多年精力,依传统中国史书体例,撰成台湾第一部通史——《台湾通史》,共36卷、百万余言。这标志国人研究近代台湾史之开始。

市场实例

该书目前有一册在英国伦敦某古旧书行出售,书的尺寸为长11英寸,宽8英寸,淡蓝色布面精装。书角书脊有正常磨损,内页完好,书名也的背面有原图书馆章,封二有带纹章的藏书印。该书售价1000英镑。

第十三章　京城贩夫走卒的艺术

对于身边的民俗民风，中国人自幼接触，司空见惯，一般是不会起探究之心的。但对西洋人来说，中国社会的方方面面，可说无一不奇，比如跪拜叩头、以扁担挑物、将婴儿背在背后、用轿子抬人、从窗口伸出衣物晾晒、在街头巷尾理发、在村头搭台唱戏、在地上蹲吃、祭祖、结拜兄弟、纳妾、童养媳、缠足、坐花轿、商贩沿街吆喝叫卖等，都是中国独有的，足可让西方人瞠目结舌半天。因此，自耶稣会士以来，对中国民俗民风的研究，便成了西方书写中国的重要领域，数百年不断。探讨民风民俗的书，并非全是正襟危坐的高堂之作，其中也有形式活泼、老少咸宜的。20世纪30年代中国出版的两种英文书，便是代表。但矛盾的是，这两种书虽然形式很大众，却因为以英文为主，与中国普罗大众有隔阂，印数都稀少，到了今日，便成了藏家的珍品。

《燕都商榜图》

（H.K.Fung,The Shop Signs Of Peking, Peking,1931）

《燕都商榜图》出版于1931年，编绘者为"中国绘画协会"，位于北平的东厂太平胡同5号。该书为活页绳装，封面、封底为织花锦缎包裹的硬板。封

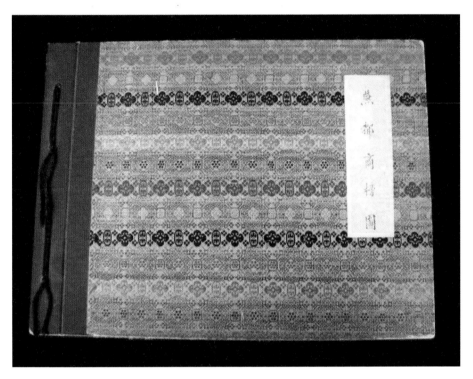

《燕都商榜图》，作者不详，出版于 1931 年，当前售价 2000 美元。

面右侧有竖写的"燕度商榜图"五个中文楷书，没有英文。内文的书名页及序言则全部是英文的。图例中的中文字样只是各色"幌子"的组成部分，以英文解释。该书 1 册共 36 页，10 开本，尺寸为长 13.5 英寸，宽 10.25 英寸。

　　书中收集了北京店铺前悬挂的各式幌子，包括当铺、金匠、寿衣铺、裁缝店、骨器店、鞍具店、肉铺、裱画铺、钱庄，林林总总，共计 101 种，基本囊括了当年北京的各行各业。所有图案全由中国绘画协会成员手工绘制，色彩艳丽，有中国年画风格。其中的第 51 号幌子英文注解缺失，个别英文字有拼写错误。

　　本书由 H.K.Fung 博士作序，关于他的生平，我们竟然一无所知。有业内人士估计，他应该是美国哥伦比亚大学或宾夕法尼亚大学的博士。虽然该书在

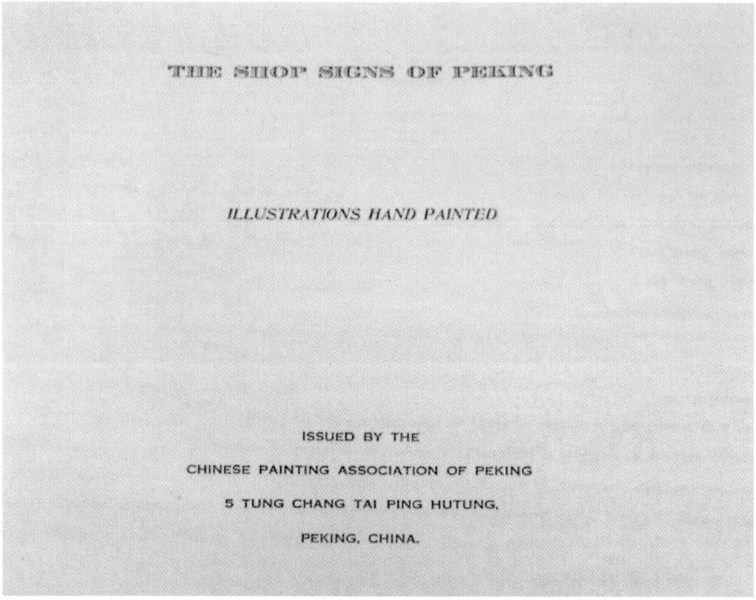

THE SHOP SIGNS OF PEKING

ILLUSTRATIONS HAND PAINTED

ISSUED BY THE

CHINESE PAINTING ASSOCIATION OF PEKING

5 TUNG CHANG TAI PING HUTUNG,

PEKING, CHINA.

《燕都商榜图》标题页

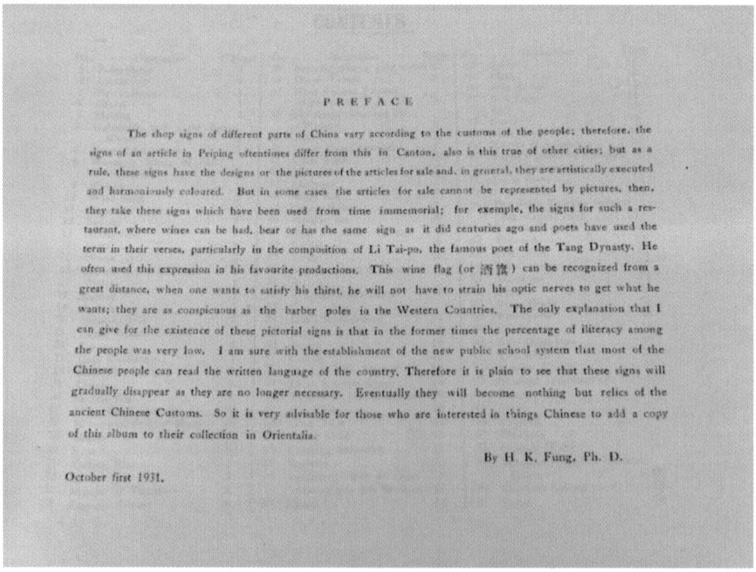

PREFACE

The shop signs of different parts of China vary according to the customs of the people; therefore, the signs of an article in Peiping oftentimes differ from this in Canton, also is this true of other cities; but as a rule, these signs have the designs or the pictures of the articles for sale and, in general, they are artistically executed and harmoniously coloured. But in some cases the articles for sale cannot be represented by pictures, then, they take these signs which have been used from time immemorial; for exemple, the signs for such a restaurant, where wines can be had, bear or has the same sign as it did centuries ago and poets have used the term in their verses, particularly in the composition of Li Tai-po, the famous poet of the Tang Dynasty. He often used this expression in his favourite productions. This wine flag (or 酒旗) can be recognized from a great distance, when one wants to satisfy his thirst, he will not have to strain his optic nerves to get what he wants; they are as conspicuous as the barber poles in the Western Countries. The only explanation that I can give for the existence of these pictorial signs is that in the former times the percentage of iliteracy among the people was very low. I am sure with the establishment of the new public school system that most of the Chinese people can read the written language of the country. Therefore it is plain to see that these signs will gradually disappear as they are no longer necessary. Eventually they will become nothing but relics of the ancient Chinese Customs. So it is very advisable for those who are interested in things Chinese to add a copy of this album to their collection in Orientalia.

By H. K. Fung, Ph. D.

October first 1931.

《燕都商榜图》前言

中国出版，但由于载体为英文，读者对象是西方人，著作的体例、趣味及视角都是西方的，因此便将此书归在域外著作的范畴。

H.K.Fung 在序言中说，中国的店铺之所以都悬挂幌子，"唯一的解释，是在过去的时代，人民中识字者的比例极低。我相信，随着全新的公立学校体系建立，大多数中国人自会认识本国的文字。因此，鉴于这些幌子已不再有用，它们显然会逐渐消失，最后必将沦为中国古代民俗的遗物而已。故而，喜爱中国器物者，不妨在其东方藏品中，添进这一册书"。Fung 博士确实远见卓识，时至今日，不仅北京，全中国各地，恐怕再难找到一家悬挂幌子的店铺了。今天若想对当年的京城店家产生具象体验，除了翻阅老照片，还真得借助这本画满各式幌子的旧书。历史车轮碾过处，消失的不仅仅是幌子，当年兴旺发达的各行各业，今日也大多无存了。对影视界的主创人员来说，若要再现京城的过去，此书是有极高实用价值的。

市场实例

日本琳琅阁书店将该书标价 8.4 万日元。2000 年 5 月荷兰某次拍卖会上曾拍出一本，估价为 300—350 荷兰盾，实际成交价 1150 荷兰盾。

本书展示的一册来自美国加州某古旧书行，封面边角有轻微磨损，内页均完好如新。该书 2008 年 6 月被放到 eBay 网站拍卖，起拍价 2000 美元，最后以 2000 美元成交。

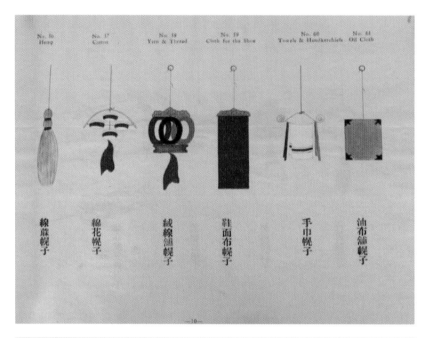

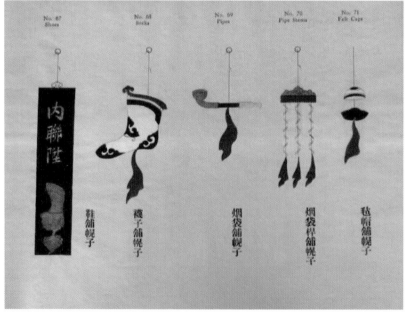

《燕都商榜图》内页

《京都叫卖图》

（Samuel Victor Constant, Calls, sounds and merchandise of the Peking street peddler,Peking: Camel Bell, 1936 ）

康士丹的《京都叫卖图》，出版于 1927 年，当前售价 4557 美元。

康士丹生平

西方人做起学问来，讲究精深细致，单单小商贩"叫卖"这一项，便能写出一部书来，比如这里介绍的《京都叫卖图》。

研究叫卖本身不奇，奇就奇在研究的形式。这本书有文字，但主打的是图画和照片，更有五线谱，标出吆喝时的音调。由于这本书形式独特，存世稀少，便成了藏家抢夺的对象。

　　该书的作者康士丹（Samuel Victor Constant，1894—？）并非马礼逊、翟理斯之流的汉学大家。他原是一介武夫，抵华之初，在美国驻华公使馆任助理武官，是美国陆军的一名上尉。他因家学渊源，自幼热爱中国文化，所以才会远赴中国，在任职武官之余，刻苦钻研中文，入学攻读学位，并写出这本书。虽然他身披戎装，骨子里其实是个文士，作文、绘画、摄影、音乐无所不来。《京都叫卖图》便是他才华的结晶。

　　康士丹的英文原名，与他父亲老康士丹完全雷同，都叫 Samuel Victor Constant。老康士丹是美国"殖民战争学会"的创始人，根据该会资料，老康士丹 1857 年生于纽约市，1880 年获哥伦比亚大学的文学士学位，1886 年又获该校法学士学位。从 1882 年起，老康士丹便是纽约市的执业律师，事务所开在百老汇 120 号。他精力充沛，一生涉略极广，工作的同时，广泛旅行，又入校

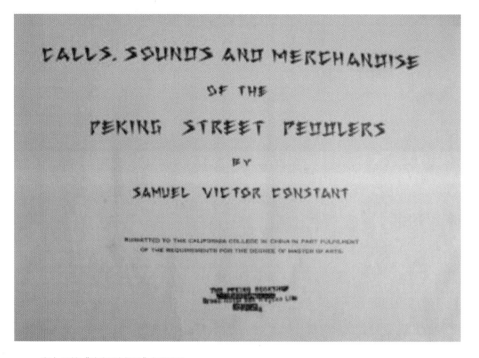

康士丹的《京都叫卖图》标题页

学习中文和考古学，成了一名考古学家。除自创殖民战争学会外，他还是纽约的"家谱及传记学会"、东方学会、圣大卫学会等无数学会的会员。坐到的最高位置，是"拯救亚美尼亚基督徒运动"主席。老康士丹死于 1909 年。殖民战争学会特于 1998 年 9 月 21 日为他树碑，以永志不忘。

康士丹本人生于 1894 年。他可说遗传了乃父的所有好动及冒险秉性，甚至在兴趣爱好方面，也一脉相承。据美国俄亥俄州立大学图书馆李国庆的研究，康士丹步乃父的后尘，也入哥伦比亚大学读东方语言，并成为东方学会的会员。据李国庆说，有关康士丹的资料大多已湮没，只知道他是美军的一名上尉，于 1923 年被派往北京，任美国驻华公使馆的助理武官。1924 年，康士丹曾以军事观察员身份，前往直奉战争的前线。1926 年，因协和医院的美国医生霍华德（Harvey James Howard）在黑龙江遭土匪绑架，他又作为美国公使馆的代表，前往黑龙江 10 个星期，参与营救工作。后经各方努力，霍华德医生终于获释，次年出版了《与中国土匪同行的十周》（Ten Weeks With Chinese Bandits），颇为轰动。

康士丹尽管公务繁忙，却一头扎进对中国文化的研究，业余在美国教会主办的华北语文学校学中文。当时，该校的校长是裴德士（Dr. W. B. Pettus），与司徒雷登关系密切，同是北京《英文导报》的董事，长期在中国普及教育，向中国人传播西方现代文明，又向西方人传授中国传统文化，可谓育人无数。康士丹在该校学习前后达八年之久，一路学到 1936 年，直至读完硕士学位。他的中文在听、说、读、写各方面，均达到上乘。为完成硕士论文，康士丹别出心裁，写了一本图文并茂、绘声绘色的书，起名为《北京街头小贩之吆喝、腔调及货物》（Calls, Sounds and Merchandise of the Peking Street Peddler），现在一般译为《京都叫卖图》。康士丹凭此书得了华北语文学院的硕士学位。

除这本书外，康士丹在华期间另有两本著作出版，其一为《英汉、汉英军事术语对照》（Chinese Military Terms: English-Chinese, Chinese-English），出版于 1927 年，全书共 122 页；其二为《手艺与商榜》（Trade and Shop Signs），出版年代不详，大约在 20 世纪 30 年代。后一书只是本小册子，尺寸为长 32 厘米，宽 24 厘米，共 18 页，内容以图片为主。

遗憾的是，康士丹后半生的情况，因资料不全，一时只有留白，待各方补充。

《京都叫卖图》的原稿是康士丹的硕士论文，提交时尚未出版，为一份打字稿，共 103 页，含彩色插图及黑白照片，尺寸为长 27 厘米，宽 20 厘米。该原稿目前藏于美国加利福尼亚西方学院图书馆。

提交论文的同年，康士丹便将稿件作了补充润色，交由北京的驼铃出版社出版。正式出版时，该书的书名未变，但内容扩充到 185 页，内含 61 幅彩色石印插图，均精美传神，另有 16 枚黑白照片，全部以手工方式粘于书上。书后列参考书目六种。书名页的底下印有一行小字："本书已提交给华北语文学校，作为文学硕士学位功课的组成部分。"在序言中，康士丹特别鸣谢了自己的良师兼益友金月泊（Chin Yue-p'o）及校长裴德士，赞扬他们教导有方，对自己多方提携，使该书的出版，成为可能。

康士丹对京城叫卖的研究细致入微，将沿街叫卖的内容以春夏秋冬四季分类，再具体分成 50 多种，包括卖瓜子儿的、卖口琴儿的、卖杏仁茶的、卖蜂糕艾窝窝的、卖粽子的、卖果子干儿的、粘扇子的、剃头修脚的、卖月饼的、吹糖人儿的、打瓢的、卖洋铁壶的，不一而足。每种贩卖，均分析其吆喝的特点、声调的异同，货物的内容。书中作了大量典故考证，内容翔实。每种小贩，都配以彩色插图，以补充文字之未尽。对于吆喝的声调起伏，作者给予了特别关注，每种叫卖均有具体声调，甚至以五线谱记录，几乎提升到民间音乐的高度。本书是一部历史风俗画卷，图、文、声并茂，再现了清末民初北京街头的风土人情，京味京韵浓郁，带给读者极强的现场感。

1993 年 8 月，美国主要的小众出版公司 Bird & Bull Press 第一次重印该书，共出版了两百册珍藏版。再版本制作精美，在欧美市场上，目前每册的售价都在 400 美元以上。再版本的编者莫瑞斯（Henry Morris）在《序言》中指出，全球英文出版物中，专项研究街头小贩的书籍与论文不超过 40 种，而研究中国街头小贩的书籍，康士丹的《京都叫卖图》属于前无古人，后无来者，是绝无仅有的一本。这便是他决定再版该书的原因。

书目文献出版社（今国家图书馆出版社）1994 年第一次翻译出版了该书的中文版，由陶立翻译，陶尚义绘图，插图系参考原图和有关资料重新白描。更名后的北京图书馆出版社（今国家图书馆出版社）再版了该书。但此版在插图、照片及总体制作各方面并不忠于原版，已将原版的风味散失殆尽，最多只有文字方面的参考价值。

市场实例

《京都叫卖图》1936 年的原版在市面上基本绝迹。本书展示的图例，为美国旧金山一家古旧书店 2008 年 5 月在 eBay 上出售的一册。该书尺寸为长 10.5 英寸，宽 7.5 英寸，封面花格绫面精装，品相极佳，虽历经 70 余年，却几乎未见磨损。书的内页也清洁完好。唯一的缺陷是原书主涂画太多，她除了在第一页的左下角以英文签名，并写下英文"上海"及"1947 年 11 月 1 日"字样外，不知何故，还将出版社的名字及出版日期划去，但细看仍清晰可辨。该书最后为一位中国藏家竞得，成交价为 2024 美元。

目前市面上仍在售的一册，在瑞典斯德哥尔摩的一家古旧书行，绫面有明显磨损，部分页面的上部有轻微水渍。该书的售价达到 4557 美元。

康士丹的《京都叫卖图》，照片为手工粘贴。

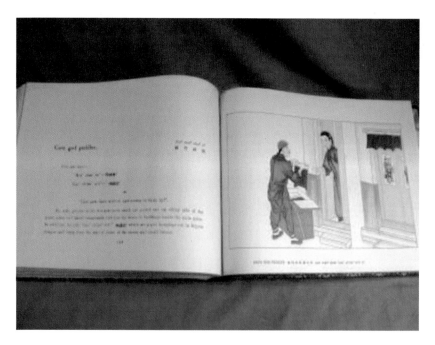

康士丹的《京都叫卖图》插图

ALMOND TEA PEDDLER 卖杏仁茶的 mai⁴ hsing⁴ jen² erh² ch'a² ti¹

康士丹的《京都叫卖图》插图

TOY PEDDLER 打糖鑼兒的 ta³ tang² lo² erh² ti¹

康士丹的《京都叫卖图》插图

FLOWER PEDDLER　卖 花 兒 的　mai⁴ hua¹ erh² ti¹

康士丹的《京都叫卖图》插图

BARBER 剃頭的 t'i⁴ t'ou² ti¹

康士丹的《京都叫卖图》插图

EARTHERN VESSEL PEDDLER 賣盆兒的 mai⁴ p'en² erh² ti¹

康士丹的《京都叫卖图》插图

CHINA PEDDLER 綢磁器挑兒 hsi⁴ tz'e¹ ch'i⁴ tiao¹ erh²

康士丹的《京都叫卖图》插图

TRAINED BEAR MAN 耍狗熊的 shua³ kou³ hsiung² ti¹

康士丹的《京都叫卖图》插图

RUNNING LAND BOAT   跑旱船的   p'ao³ han⁴ chu'an² ti¹

康士丹的《京都叫卖图》插图

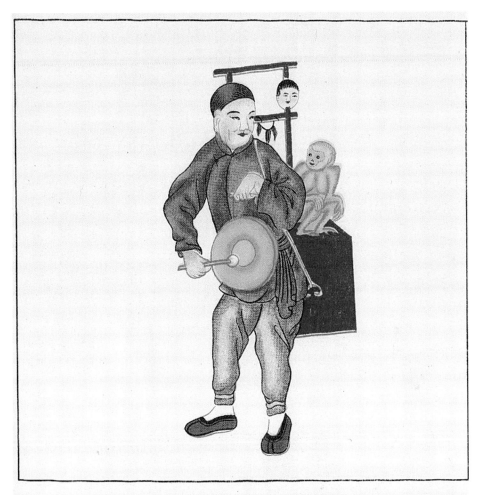

TRAINED MONKEY MAN 耍猴兒的 shua³ hou² erh² ti¹

康士丹的《京都叫卖图》插图

NEW YEAR'S PUDDING PEDDLER 賣年糕的 mai⁴ nien² kao¹ ti¹

康士丹的《京都叫卖图》插图

FORTUNE TELLER 占课的 chan¹ k'e⁴ ti¹

康士丹的《京都叫卖图》插图